성지순례 지참 안내서

사도 바울과의 인터뷰

1·2·3차 전도여행길에서 만난 바울

| 임동택 지음 |

쿰란출판사

1·2·3차 전도여행길에서 만난 바울

사도 바울과의 인터뷰

1판 1쇄 발행 _ 2021년 12월 26일
1판 2쇄 발행 _ 2022년 1월 15일

지은이 _ 임동택
펴낸이 _ 이형규
펴낸곳 _ 쿰란출판사

주소 _ 서울특별시 종로구 이화장길 6
편집부 _ 745-1007, 745-1301~2, 747-1212, 743-1300
영업부 _ 747-1004, FAX 745-8490
본사평생전화번호 _ 0502-756-1004
홈페이지 _ http://www.qumran.co.kr
E-mail _ qrbooks@daum.net / qrbooks@gmail.com
한글인터넷주소 _ 쿰란, 쿰란출판사
페이스북 _ www.facebook.com/qumranpeople
인스타그램 _ www.instagram.com/qrbooks
등록 _ 제1-670호(1988.2.27)
책임교열 _ 박은아 · 이화정

 ISBN 979-11-6143-639-5 03230

책값은 뒤표지에 있습니다.

사도 바울과의 인터뷰

프롤로그

크리스천에게 성지순례는 한 번쯤 가보고 싶은 꿈의 여행이다. 누구나 성지순례를 꿈꿀 수는 있지만 그 꿈을 실현하려면 많은 돈과 시간, 떠날 수 있는 과감한 결단이 필요하기에 만만한 일이 아니다. 또한 무엇이든 아는 만큼 보이는 법이라 성경의 배경인 고대 이집트와 팔레스타인 지방의 기후와 풍습, 인종과 역사 등 성경시대 전반에 관한 사전 지식도 습득해야 한다.

그렇게 해서 성지순례를 다녀오면 이후에 신앙 수준이 판이하게 달라진다. 그러기에 신앙인에게 성지순례는 필수다. 성지순례를 몇 차례 경험해 보았기에 더욱 자신 있게 말할 수 있다. 그러니 한 번쯤 도전해 보라. 결코 후회하지 않을 것이다.

성경을 읽고 은혜를 받는다면 복 받은 사람이다. 성령을 체험한 후에 성경을 읽는 사람은 더 큰 은혜를 입는다. 그런데 성지에서 성경을 읽고 성령님을 만나고 신앙의 위인들을 만난다면 이는 더 큰 복이 아닐까. 그런 면에서 성지순례는 단순히 여행 차원이 아니다. 보통의 여행도 여행지의 풍경을 즐기고 그곳에 사는 사람들과의 만남을 통해 자신을 발견하는 과정이라고 할 수 있다. 그래서 여행을 할수록 자신을 더 많이 돌아보게 된다. 이처럼 성지순례는 여행에서 얻는 일반적 삶의 영역은 물론이고 신앙의 깊이와 넓이를 확장시켜 준다.

일반적으로 성지순례는 크게 두 가지로 나뉜다. 구약의 역사를 바탕으로 하여 이집트와 시내 광야, 젖과 꿀이 흐르는 가나안 땅을 중심으로 한 이스라엘 백성의 주요 거주지가 첫 번째다. 이곳에서는 이스라엘 민족의 기원이 되는 아브라함과 이삭과 야곱의

3대에 걸친 뿌리를 만나게 될 것이고, 후에 이스라엘의 위대한 영도자인 모세를 만나고 어려운 시기마다 보내주셨던 사사들과 왕정시대 수많은 왕들의 자취를 보게 될 것이다. 특히 하나님께서 "내 마음에 합한 자"라고 칭하셨던 다윗의 발자취와 신정국가였던 이스라엘의 역사와 지금도 남아 있는 고대 근동 지역 사람들의 풍습을 만날 수 있을 것이다.

두 번째 성지는 신약의 배경인 지금의 예루살렘과 인근 팔레스타인 지방이다. 예수님의 탄생과 공생애 이전의 삶, 공생애의 전도여행과 십자가의 구원사역, 부활 이후 교회의 탄생까지 보게 될 것이다. 거기서 범위를 조금 더 넓히면, 교회가 생성되고 영광을 누렸던 일곱 초대교회와 소아시아의 교회도 볼 수 있다. 가서 직접 눈으로 보면 그렇게 흥왕했던 교회가 왜 지금은 흔적만 남았는지 알게 될 것이다. 어차피 역사는 반복이기에 그들의 실패를 나와 교회에 적용하면 그들의 전철을 밟지 않는 지혜를 얻는다. 역사를 공부하는 가장 큰 이유가 그것이다. 그런 의미에서, 조상의 위대한 업적만 가르치기보다 실패의 역사, 조상의 부끄러운 역사도 액면 그대로 가르치는 유대인들은 참 지혜롭다.

여기서 나는 세 번째 성지를 말하고자 한다. 전도자 바울이 복음을 들고 갔던 1차, 2차, 3차 전도여행의 여정이다. 나는 그 여정을 직접 탐사했다. 그곳에서 사도 바울을 만났고, 그를 거울로 삼아 나를 비춰 보았다. 그가 거닐었던 발자취를 따랐고, 그가 섰던 장소에도 서 보았다. 거기에서 사도 바울이 느꼈을 보람과 의미, 회한과 두려움, 경솔함과 실수, 때로는 그의 낙심과 무기력감까지 느꼈다. 내가 처한 현실의 부끄러움과 탄식과 어두움이 그대로 눈에 들어왔지만, 변화의 가능성과 함께 희망의 빛을 볼 수 있었다. 밤나무와 상수리나무가 베임을 당해도 그 그루터기가 남는 것같이(사 6:13), 하나님 나라는 남아 있는 이들을 통해 이루어 가실 것이라는 하나님의 분명한 뜻도 마주하였다.

우리가 신앙인으로서 믿음의 조상 아브라함처럼 되거나 예수님처럼 자신을 전부 드리는 거룩하고 숭고한 삶을 살아가는 것은 너무나 크고 요원하다. 그렇지만 사도 바울의 전도 여정은 신앙의 후배로서 조금이나마 흉내를 낼 수 있을 것 같다. 그래서 그의 마음속에 담긴 열정, 그에게 내주하신 성령님의 역사, 복음에 대한 열정과 순수한 헌신을 벤치마킹하고 싶다. 물론 그는 감히 비교할 수 없는 위대한 신앙의 선배다. 그래도 그를 닮고 싶은 마음만은 가득하기에 그와 직접 만나는 상상을 해 보았다.

사실 그와 나는 무관하지 않다. 내가 이렇게 예수를 믿을 수 있었던 복음의 원류를 추적하다 보면 사도 바울을 만날 수밖에 없지 않은가? 그가 없었다면 나는 없다. 그래서 언젠가 천국에 입성하면 그에게 고맙다는 인사를 잊지 않을 것이다. 사도 바울 또한 21세기의 대한민국에서 온 목사라는 신분의 나를 보면서 자신이 뿌린 씨앗의 열매가 동쪽 끝에서 열매를 맺었다는 사실에 감격하지 않을까?

이 책은 상상력의 산물이다. 그 상상력의 모티브는 내가 보았던 〈벤자민 버튼의 시간은 거꾸로 간다〉라든지 〈어바웃 타임〉 같은 외화, 〈당신 거기 있어 줄래요?〉라는 시간여행자의 이야기를 다룬 한국

영화에서 따왔다. 그런 영화를 볼 때면 '나도 시간여행자가 되어 어떤 특정한 시대에 간다면 어떨까?' 하는 상상을 해 보곤 했다. 그 특정한 시간이 사도 바울의 전도 여정이다. 그 여정에서 그와 인터뷰를 하고 싶었다.

사람을 세우고 생명을 살리는 일에는 졸업이 없다. 초대교회에는 바울의 열심을 따를 자가 없었다. 예수를 만나기 전에는 예수의 몸 된 교회를 핍박하는 데에 앞장섰던 그가 예수를 만난 뒤에는 예수를 전하는 일에 모든 것을 바쳤다. 그만한 사람은 전에도 없었고, 아마 앞으로도 없을 것이다. 이러한 바울이 다녔던 선교의 발자취를 따라 그리스도의 심장을 느끼며 바울과 함께 현장을 재조명해 보고자 한다.

3차에 걸친 사도 바울의 여정을 그와 함께하면서 가는 곳곳마다 그와 상상 속 인터뷰를 해 보았다. 사도 바울이라면 우리가 늘 궁금해하던 신앙의 난제에 대해서도 시원한 대답을 해 줄 것이라 믿었다.

사도 바울과의 인터뷰(interview)를 통해서 그와 상호교류(inter)하고 우리의 신앙을 살펴보자(view). 내가 상상을 통해서 사도 바울과의 만남을 이어가는 동안 여러분도 복음 전도자의 표상이자 위대한 신앙의 선배, 또한 우리와 똑같은 성정을 가졌던 한 인간으로서의 바울을 만나길 바란다.

2021년 12월

임동택(Joseph)

차례

프롤로그 _ 4

I. 사도행전의 세계로 들어가기

1. 신약성경의 척추, 사도행전 _ 18
2. 사도행전은 사랑의 기록 _ 28
3. 누가 사도행전의 저자일까? _ 40
4. 사도행전의 핵심 인물, 사도 바울 _ 47
5. 바울의 회심, 드라마 중의 드라마 _ 53
6. 서신서, 바울의 아버지 같은 사랑 _ 65
7. 신약성경의 살이 된 바울의 삶과 서신서 _ 72
8. 사도행전은 여전히 현재진행형(~ing) _ 81

II. 사도 바울의 1차 전도여행

1. 1차 전도여행을 떠나는 바울과 바나바 _ 90
2. 바울의 1차 전도여행 개요 _ 96
3. 1차 전도여행 주요 거점 도시 _ 100
4. 1차 전도여행의 의의 _ 140

III. 사도 바울의 2차 전도여행

1. 바울의 2차 전도여행 개요 _ 153
2. 2차 전도여행 주요 거점 도시 _ 164
3. 2차 전도여행의 특징 및 의의 _ 198

IV. 사도 바울의 3차 전도여행

1. 바울의 3차 전도여행 개요 _ 207
2. 3차 전도여행의 거점 도시 _ 211

V. 사도 바울의 마지막 전도여행

1. 사도 바울의 마지막 전도여행-로마행 _ 245
2. 마지막을 준비하는 바울 _ 255
3. 사도 바울의 신명기 _ 263
4. 신앙의 모델, 바울 _ 277

에필로그 _ 281

사도 바울과의 인터뷰 목록

사도 바울과의 인터뷰 1 왜 하나님은 우리의 중심을 보시나요?
사도 바울과의 인터뷰 2 왜 인간의 본성은 악할까요?
사도 바울과의 인터뷰 3 왜 역사를 공부해야 하나요?
사도 바울과의 인터뷰 4 왜 하나님도 손익 계산이 빠르신가요?
사도 바울과의 인터뷰 5 왜 인생의 퍼즐을 제대로 맞춰야 할까요?
사도 바울과의 인터뷰 6 왜 아버지의 사랑도 필요할까요?
사도 바울과의 인터뷰 7 왜 성경은 하나님의 짝사랑 이야기일까요?
사도 바울과의 인터뷰 8 왜 다시 태어나도 하고 싶은 일이 있어야 할까요?
사도 바울과의 인터뷰 9 왜 하나님께 따지고 덤벼들어도 괜찮을까요?
사도 바울과의 인터뷰 10 왜 전도는 구걸이 아닐까요?

사도 바울과의 인터뷰 11 왜 21세기의 구브로 섬은 아라비아반도일까요?
사도 바울과의 인터뷰 12 왜 사역자가 때론 화를 내도 될까요?
사도 바울과의 인터뷰 13 왜 무당이 예수를 믿으면 제대로 믿을까요?
사도 바울과의 인터뷰 14 왜 하나님은 그분의 사자를 앞서 보내실까요?
사도 바울과의 인터뷰 15 왜 일과 사람 중에 사람을 택해야 할까요?
사도 바울과의 인터뷰 16 왜 유럽 선교의 첫 열매는 여성이었을까요?
사도 바울과의 인터뷰 17 왜 무식한 사람도 때론 성공을 거두나요?

사도 바울과의 인터뷰 18 왜 기적 자체보다 자유가 더 중요한가요?
사도 바울과의 인터뷰 19 왜 인생은 황혼이 아름다워야 하나요?
사도 바울과의 인터뷰 20 왜 교회와 목회자는 욕을 더 많이 먹을까요?

사도 바울과의 인터뷰 21 왜 세상엔 나보다 나를 더 아끼는 사람이 있을까요?
사도 바울과의 인터뷰 22 왜 여자는 할례를 행하지 않았을까요?
사도 바울과의 인터뷰 23 왜 인생의 가장 큰 지혜가 선택일까요?
사도 바울과의 인터뷰 24 왜 인간이 멈추면 하나님도 멈추실까요?
사도 바울과의 인터뷰 25 왜 자신의 마지막을 알면서도 그 길을 가나요?
사도 바울과의 인터뷰 26 왜 부정적인 사람은 늘 부정적일까요?
사도 바울과의 인터뷰 27 왜 죽는 순간에도 홀가분할 수 있나요?
사도 바울과의 인터뷰 28 왜 핍박이 도리어 희망일 수 있나요?
사도 바울과의 인터뷰 29 왜 마지막 여정은 로마인가요?
사도 바울과의 인터뷰 30 왜 꼭 결혼을 해야 하나요?

사도 바울과의 인터뷰 31 왜 한 알의 밀알은 꼭 죽어야 하나요?
사도 바울과의 인터뷰 32 왜 청출어람(靑出於藍)이 행복일까요?
사도 바울과의 인터뷰 33 왜 신앙의 열매는 "야, 너두!"인가요?

I

사도행전의 세계로 들어가기

1.

신약성경의 척추(脊椎), 사도행전

사도행전은 신약성경의 역사서다. 역사서란 말 그대로 역사를 기록한 것으로, 사도행전은 초대교회의 탄생과 확산 과정을 보여준다. 그래서 사도행전은 예수님의 말씀과 행적을 기록한 4복음서와 사도 바울이 보낸 여러 서신서의 중간에 위치하고 있다.

4복음서에 등장하는 예수님의 제자들은 무능하기 짝이 없다. 갈릴리 촌구석의 어부들 중심으로 구성된 제자들이라 일자무식인데다 자기중심적이었다. 이들은 예수님을 3년이나 따라다녔음에도 예수님이 말씀하시는 복음의 진정한 의미를 몰랐다. 자기들의 스승이 십자가에 죽으러 가는 길목에서도 그들은 "누가 크냐?" 하고 우열이나 따질 만큼 개인적 출세의 야망으로 차 있었다. 그리고 스승이 잡히는 모습을 보고는 비겁하게 도망치거나 먼발치에서 바라보기만 했고, 자기가 예수님의 제자라는 사실을 애써 부인했다. 스승 입장에선 기가 막힐 노릇이었다.

그런데 그토록 한심하던 그들이 어떻게 예수님같이 위대한 사람으로 변신할 수 있었을까? 자기 목숨 하나 부지하려고 스승을 배신하고 뿔뿔이 흩어졌던 제자들이 어떻게 순교의 자리에서도 당당할 수 있었을까? 특히 베드로는 순교의 자리에서 자신이 예수님과 같은 모습으로 매달리는 것은 송구한 일이니 거꾸로 매달아 달라고 부탁까지 했다는데, 어떻게 그게 가능할까?

그것은 성령의 역사였다. 인간이라는 무력한 객차도 성령이라는 기관차에 연결되면 큰 역사를 이룰 수 있다. 인간은 나약하지만 인간을 통해 역사하시는 하나님은 강한 분이시다. 사람이 세상을 살면서 하나님의 능력을 덧입어 산다는 것은 아주 특별한 은총이라서 아무에게나 주어지지 않는다. 특별히 부르심을 받은 사람에게만 허락

되는 은총이다. 그 비밀을 알고 있다면 이미 은총을 받은 사람이다. 사도행전은 그런 이야기들로 가득하기에 '성령행전'으로도 불린다.

많은 이들이 현대 교회에서는 성령의 역사가 일어나지 않는다고들 탄식한다. 그런데 사실 그것은 성령께서 사라지신 게 아니라 성령의 역사를 필요로 하는 사역을 하지 않기 때문이다. 하나님의 일을 하는 곳에서는 시대를 막론하고 성령의 강한 임재가 있었다. 지금도 선교 현장에서는 과학을 비롯한 인간의 지식으로는 설명하지 못하는 기적들이 여전히 일어나고 있다. 나는 개인이든 교회든 성령님의 강한 임재가 임하는 역사가 다시 일어나기를 소망한다.

사도 바울과의 인터뷰 1
왜 하나님은 우리의 중심을 보시나요?

시간여행자의 특권은 내가 원하는 시간과 장소에 갈 수 있고, 누구라도 만날 수 있다는 것이다. 그래서 나는 지체 없이 사도 바울이 머물고 있는 곳에 갔다. 사도 바울은 깜짝 놀란 듯했다. 이런저런 이야기를 하는 동안 모든 상황이 이해되었는지 편안한 표정을 지었다. 그리고 몹시 반가워했다. 홀로 있어 본 사람은, 배가 고프듯 사람이 고픈 법이다. 무척이나 사람이 고파 보였다.

그에게 첫 질문을 던졌다.

"하나님이 쓰시는 사람의 조건은 무엇인가요?"

이렇게 물은 것은 처음 사도 바울을 만나고 첫인상에 깜짝 놀랐기 때문이다. 나는 목사로서 '하나님이 쓰시는 사람'이라는 주제설교를 적지 않게 했다. 하나님께서는 뛰어난 사람보다 부족한 사람, 장자보다는 차자, 강한 민족보다는 약한 민족, 많은 숫자보다는 적은 숫자를 통해 역사하신다고 설파했다. 알고는 있었지만 사도 바울을 만나는 순간, '너무' 기준치 미달인 것 같아 실망이 앞섰다. 황홀한 만남을 기대했었다. 그런데 그의 모습은 내가 생각했던 신앙의 표본, 위대한 선지자, 위대한 사도의 모습과는 거리가 멀었다. 멀어도 너무 멀었다. 그런 내 표정을 읽었는지, 내 질문에 사도 바울이 나에게 도리어 물었다.

"그래, 나를 직접 본 자네 느낌은 어떤가? 너무 부족해서 놀라진 않았나?"

나는 순간 당황했다. 그렇다고 사실대로 말할 수는 없었다. 그의 외모는 너무 볼품없었다. 첫인상은 셰익스피어의 《베니스의 상인》에 나오는 샤일록이라는 유대인 고리대금업자를 연상시켰다. 게다가 머리털이 다 빠진 대머리였기 때문에 나이보다 훨씬 늙어 보였다. 일자 눈썹에 매부리코를 가졌고, 눈가에는 고름 같은 눈곱이 끼어 있는 데다 시력도 그다지 좋지 않은 듯 미간을 자주 찌푸렸다. 또 간질병 증세까지 있어 예고도 없이 발작을 한다면 참으로 난감한 상황이 벌어질 위험이 있었다. 그런 그의 모습은 하나님의 일꾼, 위대한 사도라고 말하기엔 너무 초라했다.

"성경을 통해서 알고 있었기에 그다지 놀라진 않았습니다."

예의바르게 답은 했지만 목구멍까지 올라온 말은 이게 아니었다.

'솔직히 말하면, 뵙는 순간 저 자신에 대한 자부심이 생겼습니다.'

나는 사도 바울을 보는 순간 나의 외모에 대한 자부심이 급상승하는 것을 느꼈다. 나는 내 나이 또래의 평균 신장보다 키가 크고, 미남은 아니어도 시원한 생김새를 가졌으며, 환갑을 넘긴 나이에도 머리숱이 많았다. 흰 머리가 별로 없지만 건강한 이미지로 보이기 위해 가끔 염색을 하는 정도이다. 또 늘 웃는 표정을 지으려 애쓰기에 어딜 가든 인상 좋다는 소리를 듣고 살아왔다.

그의 보잘것없는 외모를 상쇄하는 것은 외적 조건이었다. 그에게선 일종의 카리스마가 느껴졌다. 요즘 말로 스펙이 짱짱했다. 당대 최고 학부 출신이었다. 유대인들은 랍비를 중심으로 신앙 교육을 이어오는데 그 당시 랍비 중의 랍비, 최고의 랍비라 칭송받던 가말리엘 문하생이었다. 이스라엘 열두 지파 중 베냐민 지파로 혈통도 좋았다. 집안도 아주 부유했다. 부족한 것은 아무것도 없었다. 게다가 그는 신념과 추진력이 아주 강한 스타일, 요즘 말로 상남자 중의 상남자였다.

당시 유대인 입장에선 예수를 따르는 무리는 사악한 집단이었다. 지금도 유대인들은 예수를 구주로 인정하지 않고 선지자나 랍비 정도로만 여기고 있으니 그 당시에는 어떠했겠는가. 사도 바울이 벨릭스에게 자기를 변론하는 과정에서, 유대인들이 예수를 따르는 무리를 이단으로 규정했다지만 자신은 이단이라 하는 도를 따르는 사람이라고 당당하게 말하는 것을 보면 알 수 있다.

> "그러나 이것을 당신께 고백하리이다 나는 그들이 이단이라 하는 도를 따라 조상의 하나님을 섬기고 율법과 선지자들의 글에 기록된 것을 다 믿으며 그들이 기다리는 바 하나님께 향한 소망을 나도 가졌으니 곧 의인과 악인의 부활이 있으리라 함이니이다" 행 24:14~15

처음에 바울은 그 예수를 따르는 이단 무리들을 잡아서 가두고 죽여 신흥 사이비 종교의 세력을 뿌리 뽑는 일에 혈안이 되어 있었고, 그 일에 강력한 추진력을 발휘하고 있었다. 그래서 그는 순교의 첫 열매인 스데반 집사의 순교 현장에도 있었다. 그는 누구보다 유대인 중의 유대인이었던 것이다.

나는 사도 바울을 만나고 나서야 어쩌면 예수님의 모습도 비슷하지 않았을까 생각했다. 이사야서에는 이렇게 표현하고 있다.

"그는 주 앞에서 자라나기를 연한 순 같고 마른 땅에서 나온 뿌리 같아서 고운 모양도 없고 풍채도 없은즉 우리가 보기에 흠모할 만한 아름다운 것이 없도다" 사 53:2

그리고 예수님의 출신지도 전 이스라엘을 통틀어 가장 가난하고 보잘것없고 더럽고 평판이 나쁜 도시 나사렛이었다. 유대인 입장에서 나사렛은 자기 나라에 포함시키기도 싫을 정도로 형편없는 도시였다. 그래서 빌립으로부터 예수님을 소개받은 나다나엘은 예수님이 나사렛 출신이라는 말에 황당하다는 웃음을 지으면서 말했다.

"나다나엘이 이르되 나사렛에서 무슨 선한 것이 날 수 있느냐 빌립이 이르되 와서 보라 하니라" 요 1:46

내친 김에 예수님의 어머니인 마리아의 외모도 짚어 보고 넘어가자. 성당에 있는 성모 마리아상이나 성화에 묘사된 성모 마리아 혹은 영화 속에 등장하는 성모 마리아는 단아한 미인이다. 그러나 성모 마리아 또한 평균 이하의 외모를 가졌을 것으로 보인다.

마리아가 예수님을 잉태했을 때의 나이를 12.5세 정도로 본다. 당시에는 보통 여자들의 생리가 시작되자마자 바로 혼인시켰고, 또래의 남자가 아닌 띠동갑 이상의 남자와 혼인을 하게 했다. 당시 로마의 속국이었던 유대에는 조혼 풍습이 있어 가능한 한 어린 나이에 시집을 보내려고 했다. 우리도 고려시대에 몽골의 지배를 받았던 적이 있는데 그때 생긴 풍습이 조혼이었다. 여자들을 잡아 성적 노리개로 삼거나 노예로 팔았는데 결혼한 여자는 제외시켰기 때문이다. 이때도 딸이 생리만 시작하면 바로 결혼을 시켰다.

나사렛은 유대의 3도 중 맨 위 지방인 갈릴리에 위치한 작은 도시로, 이집트 쪽으로 남하하거나 로마로 돌아가는 로마군의 상설 주둔지였다. 그래서 정복자들이 피정복지의 여성들을 겁탈하는 일이 많았는데 아무래도 기혼여성보다는 미혼여성을 대상으로 삼았다. 그런데 마리아는 남자들이 보기에도 호감을 일으킬 만한 매력이 없었다. 감정적인 끌림이나 매력은 고사하고 수컷들의 생물학적 욕구가 발동되지 않을 정도의 여자였다는 뜻이다.

그러니 마리아는 여자로서의 자존감이 바닥일 수밖에 없었을 테고 실제로 자신이 이스라엘에서 가장 비천한 존재라고 표현했지만, 메시아를 잉태함으로 가장 비천한 존재가 가장 존귀한 존재가 되었다며 찬가를 불렀다. 그래서 마리아는 자기 친척 엘리사벳이 늙어 잉태할 수 없는 조건에서 임신을 했다는 소식을 듣고 엘리사벳을 찾아갔을 때 거기서 다음과 같이 찬가를 불렀던 것이다.

> "그의 여종의 비천함을 돌보셨음이라 보라 이제 후로는 만세에 나를 복이 있다 일컬으리로다" 눅 1:48

생각이 여기에까지 이르자 나는 하나님이 사람을 선택하시는 기준이 외모에 있지 않고 중심에 있다는 것을 새삼 확인했다. 그리고 나같이 부족한 사람을 불러 주시고 주님의 종으로 일하게 하신 것에 진심으로 감사했다. 하나님은 약한 자를 들어서 강한 자를 부끄럽게 하고, 가난한 자를 들어서 부자를 부끄럽게 하는 분이시다. 또한 장자인 에서를 대신해 차자인 야곱을 선택하시고, 이새의 여덟 아들 중에 가장 외면당하던 막내아들 다윗을 선택하신 분이시다.

2.

사도행전은 사랑의 기록

사도 바울은 3차에 걸친 전도여행 중 여행지에 머물 때는 물론이요 심지어 감옥에 갇혀 있을 때도 자기가 세웠던 교회에 편지를 보냈다. 그의 관심사는 늘 자신이 전도했던 교인들에게 있었던 것이다. 옥중에서 쓴 편지(에베소서, 빌립보서, 골로새서, 빌레몬서)를 읽어 보면 그 당시 교회의 문제와 초기 기독교인들의 행적이 어떠했는지를 알 수 있다. 또 사도 바울이 그런 문제들을 어떻게 해결했는지를 유심히 살펴보면 오늘날의 교회가 당면한 각종 문제도 자연스럽게 해결할 수 있다.

이를테면, 오늘날과 비교해서 더했으면 더했지 덜하지 않은 교회가 고린도 교회이다. 그 당시 가장 번성한 도시이자 동시에 가장 타락한 도시였던 고린도 지역에 세워진 교회답게 고린도 교회 역시 말도 많고 탈도 많아 시끄럽기 그지없었다.

교회에서 일어난 각종 사건들은 차마 어디에 가서 말하기도 부끄러운 것들이었다. 그들은 교인들은 물론이요 일반 사람들도 하지 않는 파렴치하고 유치한 짓들을 하곤 했다. 교회 내에 파벌이 있었고, 어떤 남자가 자기 아버지의 아내와 동거하는 행위, 세상 법정에 소송을 제기하는 행위도 있었다. 도시 전역에는 창녀와 합하는 행위를 아무렇지 않은 일이라고 선전하는 표어가 붙어 있었는데 그런 분위기가 교회 안까지 들어와 있었다. 그래서 남편이 그 아내와 성적인 접촉을 어떻게 해야 하는지(고전 7장), 우상의 제사에서 나오는 고기 먹는 일을 어떻게 해야 하는지(고전 8~10장) 등 온갖 잡다한 사건들에 대해서 정리를 해주어야 했다. 정말 고린내(?)를 너무 많이 풍기는 교회였다. 서신서 중 고린도에 보낸 편지의 분량이 다른 교회에 보낸 것보다 많은 것을 보면 그만큼 문제가 많았고 해줄 말도 많았다고 짐작할 수 있다.

그런데 아이러니하게도 그런 곳이야말로 진짜 교회가 필요한 곳이다. 많은 신앙인들이 현대사회를 가리켜 소돔과 고모라를 방불케 하니 또 한 번의 불심판이 있을 것이라고 말한다. 그래서 이 세상에 교회가 존재하는 것이다. 세상이 아직도 멸망하지 않은 것은 그나마 교회가 세상이 유지되고 지속될 수 있는 이유로 서 있기 때문이다. 세상이 타락하고 어두워질수록 교회는 본연의 역할을 감당해야 한다. 치료자의 역할도 해야 하고, 방주의 역할도 해야 한다. 예수님께서도 이렇게 말씀하셨다.

"예수께서 들으시고 이르시되 건강한 자에게는 의사가 쓸데없고 병든 자에게라야 쓸데 있느니라" 마 9:12

사도 바울이 제시한 고린도 교회의 문제 해결법은 사랑이었다. 그 유명한 사랑장(고전 13장)은 그렇게 탄생하였다. 사랑은 기독교 전체를 꿰는 단어이기도 하다. 창세기부터 요한계시록까지 이어진 주제는 하나님의 사랑이다. 사랑은 말 많고 탈 많은 교회를 하나로 만들고 부부를 하나로 만들며, 이념과 사상의 대립으로 점철된 국가도 하나로 만들 수 있다.

그렇게 보면 그때나 지금이나 세상은 언제나 사랑 결핍증에 걸린 사람들 투성이다. 찬송가 503장은 그런 세상의 모습을 말해 준다. "세상 모두 사랑 없어 냉랭함을 아느냐 곳곳마다 사랑 없어 탄식 소리 뿐일세." 예수님께서 제자들에게 주신 새 계명도 사랑이었다.

> "새 계명을 너희에게 주노니 서로 사랑하라 내가 너희를 사랑한 것같이 너희도 서로 사랑하라 너희가 서로 사랑하면 이로써 모든 사람이 너희가 내 제자인 줄 알리라" 요 13:34~35

사람은 사랑하기 위해서 이 땅에 태어났다. 사람으로 태어났다면 사랑해야 할 의무가 주어졌다. 가정과 교회가 존재하는 목적도 서로 사랑하는 것에 있다. 인간이 가장 하나님을 닮을 때가 사랑할 때다.

사도행전의 핵심 사상 또한 사랑이다. 그리스도가 이 땅에 오신 것도 사랑이고, 그분이 공생애를 제자들과 함께 보낸 것도 사랑이며,

갈릴리 사역 동안 가르치고 치유하고 복음을 전파한 것도 사랑이었다. 예루살렘 사역의 핵심인 십자가는 사랑의 정점이었다.

그런데 그 사랑은 일방적 사랑, 즉 짝사랑이었다. 인간에게 그 어떤 자격도 없는데 하나님께서 먼저 사랑을 베풀어 주셨다. 이 비밀을 알았던 사도 바울은, 로마인에게 보낸 편지에서, 하나님의 사랑이 인간의 조건에 의한 것이 아니라 하나님 편에서의 일방적 사랑, 짝사랑이었음을 분명히 밝히고 있다.

> "우리가 아직 죄인 되었을 때에 그리스도께서 우리를 위하여 죽으심으로 하나님께서 우리에 대한 자기의 사랑을 확증하셨느니라" 롬 5:8

인간은 하나님 없이는 소망이 없는 존재다. 홍수 심판 이전에 하나님께서는 인간의 본성을 이렇게 묘사하셨다.

> "여호와께서 사람의 죄악이 세상에 가득함과 그의 마음으로 생각하는 모든 계획이 항상 악할 뿐임을 보시고" 창 6:5

이는 로마서 1장에서 사도 바울이 묘사하고 있는 특성과 동일하다. 즉 하나님 편에서 주시는 일방적 은총인 계시 없이는 인간의 구원은 불가능하다. 그러기에 인간의 구원은 오롯이 하나님의 은혜다. 구원이라는 단어가 썩 그렇게 와닿지 않는다면, 구원이란 말 대신에 '구출'이란 말을 써 보자. 어차피 영어로 salvation이라고 쓰니 그 의미가 구원이란 말보다는 구출에 훨씬 더 가깝지 않은가? 이렇게 말하면 구원은 영어로 salvation이고 구출은 rescue라고 구분해서 말할 사람이 있을지는 모르겠지만, 뭐가 되었든 하나님 편에서의 일방적인 도움의 손길이 없이는 불가능하다.

사도 바울과의 인터뷰 2
왜 인간의 본성은 악할까요?

"인간의 본성(human nature)에 대해서 어떻게 생각하시는지요?"

이번에도 사도 바울은 대답 대신 나에게 되물었다.

"자네는 어떻게 생각하는가?"

나는 어깨를 으쓱이며 자신만만하게 말했다.

"인간의 본성은 밭과 같아서 돌보지 않으면 이내 잡초로 가득해집니다. 늘 관리를 해주어야 합니다. 우리 인류의 첫 조상 아담의 범죄 때문에 우리는 본질상 진노의 자식이기도 하니까요."

"그렇다네. 전적으로 동감해. 그래서 인간은 하나님의 말씀이라는 잣대를 놓고 끊임없이 자기를 성찰해야만 거룩함과 경건을 유지할 수 있다네. 특히 하나님의 택함을 받은 백성이라면 더더욱 그렇게 해야 하지."

"그렇다면 하나님의 백성은 항상 그분과 연결되어 있어야 한다는 전제가 깔려 있네요."

"그렇지. 예수께서도 포도나무 비유를 통해서 말씀하셨어. 당신은 포도나무요, 우리는 가지라고 말이야. 가지는 원줄기에 붙어 있기만 하면 '절로' 열매를 맺는다면서 붙어 있을 것을 강조하셨어. 저절로 되는 삶이라니…참 놀랍지 않은가?"

나는 상담자로서 심리학을 배웠기에 상담이나 부부 세미나를 진행할 때 심리검사 같은 도구를 몇 가지 활용한다. 그런 도구를 통해서 사람의 마음을 측정할 수 있다는 것은 참 신비로운 일이다.

인류의 역사에서 인간의 내면을 측정하고자 하는 시도들이 있었다. 고대 희랍의 의사였던 히포크라테스는 인간의 기질을 네 가지로 나누었다. 그의 이론을 '체액론'이라고 하며 다혈질, 점액질, 담즙질, 우울질 등 네 가지다. 그의 원리를 바탕으로 최근 기업에서 많이 활용하는 성격검사도구가 DISC이다. DISC는 1928년 미국 콜롬비아 대학 심리학 교수인 윌리엄 몰턴 마스톤(William M. Marston)이 히포크라테스의 네 가지 유형을 발전시켜서 만들었다. DISC는 Dominance(주도형), Influence(사교형), Steadiness(안정형), Conscientiousness(신중형)의 약자이다. 히포크라테스의 네 가지 유형과 연결해 보면 D는 담즙질, I는 다혈질, S는 점액질, C는 우울질에 해당한다.

삼국지의 촉나라 책사인 제갈공명도 골상학의 대가였다고 한다. 골상학이란 두뇌의 모양이 어떻게 생겼는가에 따라 사람의 됨됨이를 구별해 내는 학문이었다. 요즘의 뇌과학과 상통한다. 조선시대 이제마도 인간의 체질을 네 가지로 구분해서 사상의학이란 개념을 제시하였다.
최근에는 분석심리학자 카를 융(C. Jung)의 이론을 바탕으로 만든 MBTI(The Myers-Briggs Type Indicator) 같은 성격검사들이 많이 활용되고 있다.

사도 바울은 자신의 내면을 성찰하면서, 인간의 본성이 이기적이고 타락한 죄의 속성을 가지고 있다는 것을 알았다. 로마인에게 보내는 편지의 서문에서도 인간의 본성(human nature)을 설명하고 있다.

"또한 그들이 마음에 하나님 두기를 싫어하매 하나님께서 그들을 그 상실한 마음대로 내버려 두사 합당하지 못한 일을 하게 하셨으니 곧 모든 불의, 추악, 탐욕, 악의가 가득한 자요 시기, 살인, 분쟁, 사기, 악독이 가득한 자요 수군수군하는 자요 비방하는 자요 하나님께서 미워하시는 자요 능욕하는 자요 교만한 자요 자랑하는 자요 악을 도모하는 자요 부모를 거역하는 자요 우매한 자요 배약하는 자요 무정한 자요 무자비한 자라 그들이 이 같은 일을 행하는 자는 사형에 해당한다고 하나님께서 정하심을 알고도 자기들만 행할 뿐 아니라 또한 그런 일을 행하는 자들을 옳다 하느니라" 롬 1:28~32

본성이 그렇기 때문에 인간은 반드시 하나님의 본성, 거룩한 본성(divine nature)을 덧입어야 한다. 그래야만 성령을 통해서 아홉 가지 열매(사랑, 희락, 화평, 온유, 자비, 양선, 인내, 절제, 충성)를 거둘 수 있다.

사도 바울 역시 자신의 내면을 탐사하면서 자신에게 내재된 인간의 본성을 적나라하게 볼 수밖에 없었다. 선을 행하고자 하는 마음은 있지만 그렇게 살지 못하는 자신의 한계, 어쩔 수 없는 인간의 한계를 고백하고 있다.

"오호라 나는 곤고한 사람이로다 이 사망의 몸에서 누가 나를 건져내랴" 롬 7:24

그렇다고 그가 자기 비하에 빠져 있지는 않았다. 오히려 복음을 전해야 할 이유를 더 굳건히 하는 계기로 삼았다. 왜냐하면 인간의 본성이 타락이요 죄이기 때문에 자기 스스로는 멸망의 길로 갈 수밖에 없으므로 반드시 그리스도를 통한 생명의 길을 알려줘야 했다. 그러기에 그에게는 하루라도 빨리, 한 사람에게라도 더 많이 복음을 전해야 할 사명이 있었다. 그가 지체하는 사이, 꾸물거리는 사이, 안주하는 사이에도 수많은 영혼들이 멸망으로 가고 있다는 것을 알았기 때문이다. 이는 구약성경에 등장하는 눈물의 선지자 예레미야의 간절함과 열망을 닮아 있다. 예레미야는 자기의 심정을 이렇게 토로했다.

> "내가 다시는 여호와를 선포하지 아니하며 그의 이름으로 말하지 아니하리라 하면 나의 마음이 불붙는 것 같아서 골수에 사무치니 답답하여 견딜 수 없나이다" 렘 20:9

나도 사도 바울의 말을 들으면서 칼뱅주의 5대 강령 중 하나인 '성도의 견인'을 떠올렸다. 고장 난 차를 끌고 가는 견인차처럼, 하나님께서는 고장 난 인간을 끝까지 끌고 가신다. 견인차이신 하나님의 일방적 사랑에 그저 감사할 따름이다. 그리고 고장 난 차주가 견인차가 찾아왔음에도 불구하고 자기 차를 연결하지 않겠노라며 쓸데없는 똥고집을 부리는 모습도 많이 보았다. 참 미련한 인생들이다. 복음을 전해 듣고도 받아들이지 않는 사람의 모양새가 이와 똑같다. 진짜 악한 사람이란 하나님의 사랑을 깨닫지 못하고 받아들이지 않는 사람이다.

3.

누가 사도행전의 저자일까?

누가 사도행전의 저자일까? 사도행전의 저자는 누가복음의 저자이기도 한 누가이다. 여기에 관해서는 신학자들 사이에 이견이 없다. 누가복음은 복음서 중 가장 많은 분량을 담고 있고, 사도행전 역시 그렇다. 누가복음과 사도행전의 분량만으로도 신약성경의 절반이 넘는다. 그래서 혹자는 누가복음과 사도행전을 합하여 누가행전이라 부르기도 한다. 실제로 누가복음을 읽고 사도행전을 이어서 읽으면 매우 자연스럽게 연결된다.

누가는 구약성경에 예언되어 있듯 하나님께서 의도하신 그리스도를 통한 구원사역이 예수의 십자가와 부활로 끝나는 것이 아니라, 전 세계적인 복음 전파의 시점이 된다는 사실을 분명히 밝히고 있다.

> "또 그의 이름으로 죄 사함을 받게 하는 회개가 예루살렘에서 시작하여 모든 족속에게 전파될 것이 기록되었으니 너희는 이 모든 일의 증인이라" 눅 24:47~48

저술 장소는 누가복음과 마찬가지로 그리스나 소아시아의 한 도시로 본다. 어떤 주석가들은 로마를 말하기도 하는데 사도행전을 기술한 틀을 전체적으로 보면 로마의 중요성이 크게 부각되고 있기 때문이다. 저술 시기는 주후 70년의 예루살렘 파괴를 되돌아보고 있는 내용으로 보아 그 이후인 주후 80~90년으로 본다.

4복음서 중 누가복음의 분량이 가장 많은 이유는 기록자 누가의 직업이 의사였던 것에 기인한다. 학식이 높은 만큼 기술하는 내용과 방식에서 월등히 뛰어났다. 특이하게도 누가는 열두 사도에 들어가지 않는다. 바울 역시 열두 사도의 이름에는 들어가지 않는다.

사도의 자격을 갖추는 데는 몇 가지 조건이 있어야 했다. 예수님과 동행했어야 했고, 그분의 십자가와 부활을 직접 목격한 증인이어야 했다. 누가와 사도 바울 둘 다 예수를 직접 만나고 선택받은 열두 사도는 아니었지만 사도로서의 자격을 획득한 것은, 예수를 향한 그들의 헌신적 열정과 걸출한 업적 덕분이었을 것이다.

누가는 바울이 2차 선교사역 중 마게도냐 지역으로 들어가는 시점에 등장한다(행 16:10). 그 후 누가는 바울이 예루살렘으로 올라갈 때부터(행 20:13~21:17) 로마로 후송될 때까지 그와 함께했다(행 27:1~28:15). 그는 바울이 가이사랴에서 2년간 구류 상태에 있었을 때 예수님과 제자들, 그리고 초대교회에 대해 많은 정보를 수집했을 가능성이 높다. 바울이 로마에서 가택 연금 상태로 골로새서와 빌레몬서를 쓸 때에도 누가는 그와 함께 있었다(골 4:14; 몬 1:24). 누가는 바울이 2차로 투옥되어 순교의 제물이 될 때에도 그의 곁에 있으면서(딤후 4:11) 바울의 순교를 지켜본 산 증인이었다. 누가는 한마디로 말해서 무대 뒤에서 주인공 바울과 늘 함께하던 찬란한 조연이었다.

물론 누가행전의 원저자는 성령님이시다. 모든 성경은 하나님의 감동으로 이뤄졌고 궁극적인 목적이 따로 있기 때문이다. 사도 바울은 이 점에 대해 이미 확신을 갖고 있었다. 디모데에게 보낸 편지에서 성경이 어떤 책인지를 밝힌다.

> "모든 성경은 하나님의 감동으로 된 것으로 교훈과 책망과 바르게 함과 의로 교육하기에 유익하니 이는 하나님의 사람으로 온전하게 하며 모든 선한 일을 행할 능력을 갖추게 하려 함이라" 딤후 3:16~17

사도 바울과의 인터뷰 3

왜 역사를 공부해야 하나요?

내가 성경을 보여주며 바울에게 물었다.

"이것이 성경입니다. 구약성경과 신약성경으로 구성되어 있습니다. 바울 사도께서는 신약성경에 대해선 잘 모를 것입니다. 신약성경은 예수님의 행적에 대한 네 개의 복음서와 예수님의 제자들과 바울 님의 전도여정에 대한 기록이 있고, 3차 전도여행 과정에서 각 교회에 보낸 편지와 사도 요한의 요한계시록까지 포함되어 있습니다."

사도 바울은 꽤나 놀라는 눈치였는데, 그것은 당혹스러움이 아니라 내심 바랐던 것이 이뤄졌다는 만족감 같았다.

내가 계속 물었다.

"의사 누가가 바울 님의 전도여정을 꼼꼼히 기록해 준 것에 대해서 어떻게 생각하시나요?"

그러자 그는 흐뭇한 미소를 지으며 말했다.

"말해 무엇하겠는가? 정말 고맙기 그지없지. 누가가 그 역할을 안 해주었더라면 자네가 전도여행의 과정을 어떻게 알 수 있었겠는가?"

사도 바울의 말에 내가 맞장구를 쳤다.

"맞습니다. 한국에는 '구슬이 서 말이라도 꿰어야 보배'라는 말이 있습니다. 누가가 구슬을 꿰어 준 사람이지요. 또 메모가 메모리를 지배한다는 말도 있습니다. 저도 메모하는 습관을 가지고 있는데 '적자! 생존'이라며 늘 농담을 하곤 합니다."

사도 바울이 말을 이었다.

"역사는 누가 기록하는가에 따라 달라진다네. 사관(史觀)이라고 하지 않나? 누가는 그런 면에서 어느 한쪽에 치우치기보다 객관적 사실을 상세하게 기록해 주었지. 그 친구의 강점이자 탁월함이야. 그래서 난 늘 다른 사람이 아닌 누가가 기록했다는 데 고마워하고 있어. 참 다행이야. 분열 이스라엘의 남쪽 왕국 유대가 바빌로니아(바벨론)에 망한 뒤에 포로로 끌려가 있던 기간에 쓴 성경이 역대기잖아? 그때 역사를 편찬한 이들은 왜 우리가 지금 바빌로니아의 포로가 될 수밖에 없었고, 어떻게 하면 이 상황에서 벗어날 수 있는지에 대한 해답을 책 속에 기록했어. 지금이라도 회개하고 하나님의 목소리를 청종하면 모든 것을 회복시켜 주실 것이라고 강조했다네. 결국 역대기는 이스라엘 백성을 향한 회개를 촉구하는 메시지였지."

사도 바울의 말을 들으며 기록의 중요성을 새삼 깨달았다. 평생 일기를 쓴 사람은 자신의 역사를 기록한 것이다. 《승정원일기》란 조선시대 승정원에서 왕명의 출납, 제반 행정사무, 의례적 사항 등을 기록한 일지를 말하는데, 2001년 9월, 유네스코 세계기록유산으로 등재되었다. 역사는 미래를 볼 수 있는 거울이다. 조선시대의 《승정원일기》가 유네스코에 등재된 것 역시 기록의 가치를 크게 인정받았기 때문이다. 제2차 세계대전 때 자기 나라 영국을 승리로 이끈 처칠과 구한말 신채호의 "역사를 잊은 민족에게 미래는 없다"라는 말을 깊이 새겨들어야 한다.

4.

사도행전의 핵심 인물, 사도 바울

사도행전은 예수님의 부활과 승천 이후 교회의 탄생 과정을 그리고 있다. 무력했던 제자들도 성령의 권능을 받은 후에는 가는 곳곳마다 복음을 전파했고, 복음이 전파되는 곳마다 엄청난 파급력이 생겼다. 앉은뱅이를 일으키고 수많은 환자들을 치유했으며, 죽은 사람을 살리는 기적도 베풀었다. 예수님과 같거나 예수님을 능가하는 기적을 일으키기도 했다. 베드로와 요한을 비롯한 열두 사도가 그랬다. 또 복음을 받아들인 예루살렘 교회의 집사들이 그랬다. 그러나 이들은 주인공 바울이 나타나기 이전까지의 등장인물이었다.

사도 바울의 본명은 사울이다. 베냐민 지파로 다소에서 출생하여 가말리엘의 문하에서 율법을 배웠다. 회심 전 그는 스데반을 처형할 때 동조했으며, 그리스도교 교인들을 박해하는 데 앞장섰다. 그랬던 그가 다메섹 도상에서 부활하신 예수를 만나 회심한 직후부터 이방인에게 복음을 전하는 사도로 변신하였다. 그때 사울은 자신의 이름을 바꾸었다. 사울은 '큰 사람'이란 뜻이고 바울은 '작은 사람'이란 뜻이다. 바울이 된 사울은 그 후 3차에 걸쳐 전도여행을 하며 복음을 전하였고, 가는 지역마다 교회를 세웠고, 세운 교회를 굳건히 하였다.

바울의 외적 행적은 사도행전 8장 이후에, 내적 행적은 바울 서신에 나타나는데 상호 보완되고 있다. 사도행전에는 예루살렘에서 체포된 후 로마로 이송되는 내용까지가 기록되어 있다. 전승에 따르면 출옥 후 다시 마게도냐에서 선교하던 중 재수감되어 순교하였다.

사도 바울과의 인터뷰 4

왜 하나님도 손익 계산이 빠르신가요?

"예수님과 3년이나 동행했던 열두 사도가 있었는데 왜 하나님께서는 그들 대신 이방인을 위한 사도로 바울 님을 따로 부르셨을까요?"

사도 바울에게 물었다. 바울 자신의 생각은 어떤지 궁금했기 때문이다. 그는 다메섹 도상에서 드라마틱한 방식을 통해 자기를 부르신 이유를 알고 있었을까? 모세를 부르실 때에 떨기나무의 불꽃 가운데 임재하셨던 방식이나 사도 바울을 만나는 다메섹 도상에서 빛 가운데 임재하셨던 방식처럼 아주 특별한 방식으로 나타나셔서 당신의 일꾼을 선택하시는 것은 구약이나 신약이나 동일했다.

"나도 그 부분을 몇 번 생각해 본 적 있었다네. 그런데 생각보다 간단하게 정리되더군. 하나님께 묻기보다 '내가 하나님이라면 어땠을까?'를 생각해 보니까 바로 답이 나오더라고. 하나님 입장에서는 열두 사도 중 누군가에게 이방인을 위한 사도의 자질을 부어 주기보다 이미 그 자질을 가지고 있는 사람을 쓰시는 편이 훨씬 더 경제적이셨을 거야. 하나님도 계산이 엄청나게 빠르신 분이란 뜻이지."

"하나님도 계산이 엄청 빠르다는 말씀이 아주 새롭네요. 그럼 계산이 빠른 하나님의 눈에 들려면 뭔가 기본적인 바탕이 있어야 한다는 말씀인가요? 하나님께서는 만들어 쓰기보다 만들어진 것을 재활용하는 편을 선택하시니까 말입니다."

"그렇지. 모세에겐 40년 동안 목자 생활 하면서 자기와 함께했던 지팡이가 있었어. 지팡이는 모세에게 주어진 도구였지. 사사시대의 수많은 사사들 역시 자신만의 특별한 도구나 능력이 있었어. 다윗 왕은 물맷돌이라는 도구가 있었고. 평소에 늘 휴대하고 다니면서 사나운 짐승을 쫓아내던 그 도구 말이야. 또 정서적으로는 수금이라는 악기가 있었어. 그것은 그의 감성을 일깨워 주는 도구였지. 시편의 절반 이상이 다윗의 시라는 것은 자네도 알고 있지 않은가?"

"하하! 맞네요. 요즘말로 하나님은 재활용의 달인이시네요. 신품을 구입하는 대신 재활용, 리폼을 해서 사용하는 쪽을 선택하는, 아주 경제적인 분이시구요."

사도 바울의 말을 듣고 나니 고개가 절로 끄덕여졌다. 하나님께서 일꾼을 선택하실 때는 원칙이 있다. 무능하고 게으른 자는 사용하지 않으신다. 평소에 자기 삶을 열심히 사는 사람을 부르시고 선택하신다. 또한 평소 닦은 실력이 있는 능력자를 선택하여 사용하신다.

사도 바울은 당대 최고의 지식인이었다. 그를 통해 1~3차에 걸친 전도 여행을 하게 하시고, 그의 서신서가 신약성경의 살이 되게 만드셨다. 누가행전 또한 의사 누가를 통해서 완성하셨다. 출애굽 때에도 무식하고 나약한 지도자를 통해서가 아니라 유식하고 유능한 존재를 도구로 사용하셨다. 그래서 하나님께서는 당대 최고의 교육기관이 있는 이집트의 중심으로 모세를 유학 보내셨다. 누가는 스데반 집사의 말을 통해 그것을 밝히고 있다.

"모세가 애굽 사람의 모든 지혜를 배워 그의 말과 하는 일들이 능하더라" 행 7:22

그런 면에서 볼 때, 많은 사역자들이 하나님의 일만 한답시고 자기 관리를 소홀히 하고 교양의 폭을 넓히지 않는다면 그는 오래 쓰임 받지 못할 가능성이 다분하다.

하나님께서는 반드시 준비된 그릇을 사용하시되, 준비된 그릇도 청결이 유지되어야 제대로 사용하신다. 다윗의 위대한 점은 평생을 살면서 오점이 없도록 성결을 유지했다는 것이 아니라, 죄를 범했을 때 그 사실을 인정했다는 데 있다. 더러워진 그릇을 깨끗하게 씻었다는 뜻이다. 시편 51편 같은 다윗의 시를 보면 그가 얼마나 철저하게 회개했는지를 볼 수 있고, 또 그가 무엇을 가장 두려워했는지 알 수 있다. 다윗은 더러워진 자신에게서 성령이 떠나가는 것을 가장 두려워했다.

> "나를 주 앞에서 쫓아내지 마시며 주의 성령을 내게서 거두지 마소서" 시 51:11

오늘날 교회에서도 목회자나 교인들이 실수할 때가 있다. 그럴 때면 실수 자체를 판단하고 정죄하기보다 실수나 잘못을 시인하지 않는 태도를 판단하자. 죄와 실수를 인정하고 자신을 정결케 바꿀 수 있는 사람이라면 다시금 쓰임 받을 수 있는 기회를 주자. 이전보다 더 위대한 사람, 이전보다 더 큰 일을 하는 사람이 될 것이다. 사람은 믿어 주는 크기에 부응하는 존재다.

5.
바울의 회심, 드라마 중의 드라마

어느 철학과의 기말고사 시간이었다. 시험지 한 장에 한 문장으로 된 질문 하나만 있었다. 그런데 시험지를 받자마자 5분도 안 되어 한 학생이 답안지를 제출하고 나갔는데, 소문에 의하면 그의 학점은 A+이었다고 한다. 그때 문제는 이것이다.

'황당과 당황의 차이를 철학적으로 설명해 보시오.'

A+ 학점을 받았던 학생은 시험지에다 그림을 그렸다. 큰 트럭을 그리고 뒤에는 몰래 큰 용변을 보는 사람의 모양을 그렸다. 그리고 이런 글을 썼다.

'당황: 밤에 큰 트럭 뒤에서 몰래 똥을 싸는 중인데, 갑자기 차에 시동이 걸리고 차가 후진할 때.
황당: 밤에 큰 트럭 뒤에서 몰래 똥을 싸는 중인데, 갑자기 차에 시동이 걸리더니 앞으로 쌩 가버렸을 때.'

우스갯소리인데, 사실 우리가 살다 보면 황당함과 당황스러움의 극치를 한꺼번에 경험할 때가 있다. 신약성경에서 황당함과 당황스러움의 극치를 드러내는 장면을 들어 보라면 단연코 바울의 회심 장면이다.

사도행전 9장은, 인간의 계산으로는 그의 회심이 불가능한 상황인데 하나님의 전적인 개입으로 회심이 일어났을 뿐 아니라, 핍박자였던 바울이 가장 열렬한 전도자로 변신하는 과정을 그리고 있다. 사도 바울의 회심 장면은 영화나 소설로 말하면 클라이맥스에 해당된다. 그때를 기점으로 반전의 역사가 만들어진다. 주인공이 나타나고, 경찰이 출동하고 실마리가 잡히기 시작하고, 전의를 불태우며 전장으로 뛰어 들어간다. 사도행전도 똑같다. 사도 바울의 회심은 이전의 상황을 완전히 바꾸는 계기로 등장한다.

사도행전에는 초대교회가 이렇게 묘사되어 있다.

"그리하여 온 유대와 갈릴리와 사마리아 교회가 평안하여 든든히 서 가고 주를 경외함과 성령의 위로로 진행하여 수가 더 많아지니라" 행 9:31

이로 인해서 대위임령(The Great Commission)인 유대와 갈릴리와 사마리아와 땅 끝까지 복음을 전파하라는 주님의 말씀 중 땅 끝에 해당하는 영역만 남은 결과가 되었다. 그러므로 '그 땅 끝을 향하여 누가 갈 것인가?'라는 속편이 탄생되어야 한다. 바로 그 속편의 주인공이 바울이요, 1~3차 전도여행은 속편의 내용들이다. 우리는 속편을 통하여 복음이 땅 끝까지 전파되는 과정을 지켜볼 수 있을 것이다.

물론 속편이 본격적으로 시작되기 전에 땅 끝까지 복음이 전파되는 것과 땅 끝은 이방인들이라는 것을 암시하는 내용이 등장한다. 바로 사도 베드로가 이방인 고넬료의 초청을 받아 가는 장면이다. 유대인도 아니고 오히려 유대를 압제하는 나라, 로마의 장교였던 고넬료가 복음을 받아들이고 그리스도인이 되는 과정이 기록되어 있다. 처음에는 부정한 이방인이라고 거부했던 베드로도 하나님의 음성을 듣고 하나님의 뜻인 줄 알고 가서 세례를 베푼 후 그들과 함께 먹고 마시고 새로운 가족이 되었음을 선포한다. 속편에는 이런 일이 기본적으로 일어날 것이다. 다만 베드로라는 인물을 대신할 새로운 인물을 등장시켜서 말이다. 그 주인공이 사도 바울이다.

전도하라고 하면 교인들 중에 자기 부모나 형제는 절대로 예수 믿지 않을 것이라고 단정 짓는 사람들이 있다. 또 어느 누구는 절대로 복음을 받아들이지 않을 것이라고 단정 내리는 사람도 있다. 절대로 그럴 것 같지 않은 사람의 전형이 사도 바울이었다. 사도 바울이 한창 기세등등하게 그리스도인들을 잡아 죽이고 있을 때, 누군가가 "그 사람도 회개하고 예수 믿으면 하나님의 일꾼이 될 수 있어!"라고 말했다면 주변 신자들은 뭐라고 했을까?

모든 사람이 아니라고 할 때 유일하게 가능하다고 말씀하신 분이 예수님이다. 그것도 다메섹 도상으로 가는 길에 친히 나타나 음성을 들려주시고 기존의 사역자들을 통해 눈꺼풀을 벗겨 주심으로 가능하게 하셨다. 바울이 핍박자였던 것은 눈꺼풀이 벗겨지지 않아서 그랬을 뿐 눈꺼풀이 벗겨진 이후, 진리를 제대로 알고 난 다음부터는 복음 전도자의 삶으로 완전히 바뀌었다.

그 기적의 드라마는 오늘날도 진행 중이다. 어쩌면 내 주변의 가장 큰 핍박자야말로 가장 큰 일꾼이 될지 모른다. 어쩌면 그 사람이야말로 내가 전해 줄 복음을 가장 기다리고 있는지도 모른다. 그 역사는 하나님의 큰 그림 속에 있기에 우리는 알 수 없지만 '저 사람은 아니야'라고 함부로 단정 짓고 쉽게 평가하는 경솔함은 범하지 말아야 한다. 사람은 자기의 눈꺼풀이 벗겨져야 뭐든 제대로 보는 법이다. 눈꺼풀이 덮여 있는 한, 볼 것을 못 보고 들을 것도 못 듣는 영적 맹인, 영적 귀머거리로 살다가 죽는다.

사실 우리가 믿는 신앙은 어찌 보면 당황과 황당의 모습일지 모른다. 세상의 원리로는 설명되지 않는 부분들이 너무 많기 때문이다. 나는 사도 바울의 회심 장면을 볼 때마다 예수님의 천국 비유 중에서 값진 진주를 구하는 사람의 이야기를 떠올렸다.

> "극히 값진 진주 하나를 발견하매 가서 자기의 소유를 다 팔아 그 진주를 사느니라" 마 13:46

그가 진주를 사는 과정이 다른 사람 눈에는 가장 황당해 보이고, 또 구입하러 온 그 사람에게 뭐라고 해야 할지 당황스러웠을 것이다. 사도 바울에게 그리스도의 복음은 진주였다. 사도 바울은 그리스도를 아는 지식이 가장 고상하다고 하면서 그동안 자신이 가졌던 모든 것을 한낱 똥으로 여겼다.

조난을 당했거나 탄광의 갱 속에 매몰되었거나 침몰위기에 놓인 사람들에게 가장 반가운 소식은, 사람들과 연락이 되었고 구조대가 와서 구출해 줄 것이라는 소식일 것이다. 말 그대로 복된 소식(good news)이다. 사도 바울은 그리스도가 이 땅에 제물로 오셨고, 그로 인해 막힌 담을 허셨다는 소식을 유대인들과 이방인들에게 전하고자 하였다.

> "그는 우리의 화평이신지라 둘로 하나를 만드사 원수 된 것 곧 중간에 막힌 담을 자기 육체로 허시고" 엡 2:14

세상에 그보다 중요한 소식이 어디에 있을까? 그래서 한 사람이라도 더 구할 수 있다면, 한 영혼이라도 더 구출해 낼 수 있다면 아무리 험난하고 힘든 여정이라도 그는 흔쾌히 달려갈 것이다. 이 세상에서 사람을 구하는 일, 생명을 구하는 일만큼 고귀한 일이 어디 있을까? 나는 스티븐 스필버그 감독의 〈쉰들러 리스트〉에서 난봉꾼이었던 쉰들러가 유대인들의 생명을 구해 내는 일을 하면서 진정한 삶의 의미를 찾는 과정을 보았다. 영화의 마지막 부분에서 쉰들러가 울면서 하는 말이 있었다. 그가 요청한 일꾼들의 이름이 적힌 목록인 쉰들러 리스트는 말 그대로 생명록이었다.

"한 사람이라도 더 구할 수 있었을 것을…내가 일꾼 한 명을 더 썼다면, 그 사람은 죽지 않고 살았을 텐데…."

사도 바울과의 인터뷰 5

왜 인생의 퍼즐을 제대로 맞춰야 할까요?

“인생의 퍼즐이 맞아떨어지는 느낌이 어떤가요?”

내가 사도 바울에게 물었다. 그것은 완전히 달라진 그의 삶의 방향을 두고 한 질문이었다. 다메섹 도상에서 예수님을 만나기 이전의 삶은 조각난 퍼즐이었다. 거기서 예수님을 만난 후에야 그는 자신의 인생 퍼즐이 제대로 맞춰지는 것을 알았을 것이다.

내가 이미 알고 있으면서도 확인을 위한 질문을 했다는 것을 간파한 사도 바울이 나에게 되물었다.

“자네에게 씌어졌던 눈꺼풀은 다 벗겨졌는가?”

그의 말은 나도 내 인생의 퍼즐을 제대로 맞추려면 내가 이전까지 가지고 있던 ‘나’의 생각, 판단, 기준, 열망을 죄다 내려놓아야 한다는 의미일 것이다. 눈꺼풀의 은유(metaphor)가 바로 그것이었다.

그가 다메섹 도상에서 예수님을 만난 후 3일 동안 눈먼 상태로 있었는데 그때 그의 눈을 덮고 있었던 것이 꺼풀이었다. 그것은 신앙이 아니라 ‘신념’의 꺼풀이었다.

“난 말이야, 예수 믿는 이 사이비 종교인들을 깡그리 다 잡아다 죽여 버리겠다며 내가 하는 일이 옳다고 믿었어. 그랬으니 그땐 정말 당당하고 눈에 살기가 가득했지."

그의 말을 들으면서 나는 나 자신을 생각했다. 나는 얼마나 많은 신념으로 다른 사람의 신앙을 평가하고 단죄했을까? 쉽게 범할 수 있는 오류가 '나는 옳고 너는 그르다'의 관점인데, 그것이 바로 다메섹으로 가던 사도 바울의 모습 아니었던가?

나도 환갑을 넘기고 보니 혹시라도 나의 신념 때문에 상처받았을 사람들에게 미안해진다. 일일이 만날 수는 없지만 이 책을 통해서라도 사죄한다. 나 때문에 상처받은 분들이 있다면 죄송하고 용서를 바란다.

사도 바울은 아나니아라는 경건한 사람이 안수하여 눈꺼풀을 벗겨 준 후부터 예수가 그리스도라고 설파하기 시작했다. 반전도 이런 반전이 없다. 드라마 중의 드라마다. 아나니아 역시 처음에는 눈꺼풀을 벗겨 주어야 할 대상자가 바울이라는 사실에 흠칫 놀랐다. 그래도 그는 기도하는 사람이었기에 성령을 통하여 하나님이 택하신 '그릇'임을 알았다. 사도 바울은 아나니아를 만나면서 하나님을 경외하는 사람, 성령님의 인도를 받는 사람의 모델을 볼 수 있었다. 그리고 그를 통해 역사하시는 하나님의 권능도 볼 수 있었다. 그가 바울에게 안수하자 바울의 눈이 뜨인 것이 그 증거다.

또한 바울은 자신을 부르신 이가 바로 예수님이었다는 사실을 아나니아를 통해서 깨달았다.

> "주께서 이르시되 가라 이 사람은 내 이름을 이방인과 임금들과 이스라엘 자손들에게 전하기 위하여 택한 나의 그릇이라" 행 9:15

그 이후 그의 삶의 방향은 180도 바뀌었다. 악명 높은 핍박자에서 열정적인 전도자로 바뀌었다. 그리고 누구나 부러워할 만한 스펙을 똥으로 취급했다. 그 이유는 딱 한 가지였다. 예수 그리스도를 아는 지식이 가장 고상하기 때문이었다. 바울은 빌립보 교회로 보내는 편지에서 그것을 밝히고 있다.

> "또한 모든 것을 해로 여김은 내 주 그리스도 예수를 아는 지식이 가장 고상하기 때문이라 내가 그를 위하여 모든 것을 잃어버리고 배설물로 여김은 그리스도를 얻고" 빌 3:8

사도 바울이 이어서 말했다.

"3일간 맹인이 되어 있는 동안 나는 여러 가지 생각을 했다네. 처음엔 하나님을 위해서 이렇게 열심히 살고 있는데 나에게 왜 이런 일이 생겼는지 분노와 억울함으로 가득 차 있었는데 그분은 그저 고요 속에 계셨어. 분노가 사그라질 때쯤 한 가지는 인정할 수밖에 없었어. 하나님의 생각은 사람과 다르다는 것을, 내 생각에 아무리 옳은 일도 그분께는 그렇지 않다는 것을 알게 되었지. 아나니아의 안수를 받고 눈을 뜬 후에 먼저 믿은 형제자매들을 보았어. 며칠 전까지만 해도 그들은 내가 색출해서 죽여야 할 대상이었거든. 그들조차도 나를 의아하게 바라보곤 했지만 그들 역시 하나님께서 이미 감동을 주셨기에 아무런 거리낌 없이 내게 손을 내밀어 주었다네."

여기까지 말을 한 바울은 잠시 말을 멈추었다. 그리고 다시 말을 이었다. 마치 강단에서 열변을 토하는 연사처럼 논리적이고 설득력 있게 말했다. 그의 음성은 차분하고 침착했다. 그리고 짧고 간결한 어투는 듣는 사람으로 하여금 금방 빨려들게 만들었다.

"그 후에 내 삶의 모든 퍼즐이 맞춰지기 시작했어. 어릴 때부터 완전히 외워 알고 있는 토라와 선지서와 시가서의 모든 내용의 초점이 예수 그리스도에게 맞춰져 있다는 것도 알게 되었고, 십자가의 미련한 방식으로 자기 백성을 구원하시려는 하나님의 계획도 알게 되었어. 십자가의 도가 참 아이러니야. 멸망하는 자들에게는 미련한 것이요 구원을 받는 우리에게는 하나님의 능력이 되니까 말이야(고전 1:18)."

사도 바울의 말을 들으면서 하나님의 방식과 인간의 방식에 대해서 많이 생각해 보았다. 지금껏 사역을 해오면서 인간적으로는 괜찮은데 결과적으론 좋지 않았고, 인간적으론 이해되지 않는 일인데 많은 열매를 거두는 일이 많았다. 그럴 때면 하나님의 일은 하나님의 방식으로 해야 한다는 것을 거듭 확인할 수밖에 없었다. 사도 바울의 말을 들으면서 나는 좀 더 확신하게 되었다. 그래서 사도 바울이 고린도 교인들에게 보내는 편지에 썼던 말이 이해되었다.

> "하나님의 지혜에 있어서는 이 세상이 자기 지혜로 하나님을 알지 못하므로 하나님께서 전도의 미련한 것으로 믿는 자들을 구원하시기를 기뻐하셨도다" 고전 1:21

6.

서신서,
바울의 아버지 같은 사랑

사울은 베냐민 지파 사람으로서 다소에서 출생하여 가말리엘의 문하에서 율법을 배웠다. 회심 전 그는 스데반을 처형할 때 동조했으며, 그리스도교 교인들을 박해하는 데 앞장섰다. 그랬던 그가 다메섹 도상에서 부활하신 예수를 만나 회심하고 이방인에게 복음을 전하는 사도의 사명을 받았다. 그 후 3차에 걸쳐 전도여행을 하며 복음을 전하였고, 가는 지역마다 교회를 세웠다.

그가 교회와 제자들에게 보낸 편지는 서신서로 신약성경에 포함된다. 그의 서신서는 말하자면 연애편지이다. 하나님을 사랑하기에 평생을 전도자로 헌신했던 사도 바울의 이야기이며, 그 바울이 가는 곳마다 세웠던 교회들을 힘 있게 하려고 애쓴 흔적이다. 이런 마음은 바울이 빌립보 교회에 보낸 편지에서 볼 수 있다.

> "그러므로 나의 사랑하는 자들아 너희가 나 있을 때뿐 아니라 더욱 지금 나 없을 때에도 항상 복종하여 두렵고 떨림으로 너희 구원을 이루라" 빌 2:12

사도 바울은 그저 씨만 뿌리고 할일 없이 놀기만 하는 농부가 아니었다. 뿌린 씨앗이 싹이 났는지, 병충해에 걸리진 않았는지 살피고 수시로 잡초를 제거해 주었다. 제대로 자라서 꽃을 피우고 열매 맺도록 지속적인 관리를 했던 것이다. 그것은 그의 전도여정에서 드러난다. 그는 전도여행을 통해 여러 사역지에 들러서 점검하고 확인하는 작업을 했다. 그것은 그의 사랑이었다. 물론 그는 자신의 핵심 역할이 씨를 뿌리는 것이라는 것을 잘 알고 있었다. 씨를 뿌린 이후의 일은 다른 동역자를 통해서 시행이 되었지만 그는 그 모든 과정을 알고 있었다.

"나는 심었고 아볼로는 물을 주었으되 오직 하나님께서 자라나게 하셨나니" 고전 3:6

과수원의 모든 과수는 반드시 꼴을 형성하고 있다. 산에서 아무렇게나 자란 개복숭아나무와 과수원의 복숭아나무는 차원이 다르다. 개복숭아는 임의로 자라 어느 누구의 관리도 받지 못한다. 그래서 어느 정도 크고 나면 열매가 달리긴 하지만 제대로 크진 못한다. 개복숭아는 과일로는 먹을 수 없기 때문에 효소를 만들거나 약으로 활용된다. 그러나 과수원의 복숭아나무는 역삼각형의 꼴을 형성하는데, 큰 줄기에서 서너 개의 큰 가지를 내고 그 가지에서 또 작은 가지들이 나도록 하여 거기서 열매가 맺히도록 한다.

과수원의 복숭아나무는 봄에 전정을 하고, 꽃이 피면 수정을 돕고, 열매가 열리기 시작하면 개수를 조절하여 솎아낸다. 병충해에 걸리지 않도록 농약도 치고, 열매를 봉지로 씌운다. 그렇게 끊임없이 관리하는 과수원은 아이 얼굴만 한 크기의 최상급 복숭아도 만들어낼 수 있다. 제대로 된 과일을 만들기 위해선 끊임없는 과수원지기의 수고가 필요하다. 사도 바울의 서신서는 바로 그와 같은 역할을 한 것이었다.

사도 바울과의 인터뷰 6

왜 아버지의 사랑도 필요할까요?

내가 바울 사도에게 물었다.

"각 교회에 편지를 보내실 때의 심정은 어땠어요? 제가 읽을 땐 정말 교회와 교인들을 사랑하는 목회자의 마음을 느낄 수 있었거든요. 품어 주고 안아 주고 공급해 주고 치료해 주는 어머니의 마음도 있지만 방향을 잡아 주고 용기를 주고 틀린 것을 바로잡는 아버지의 마음을 느낄 수 있었습니다. 그래서 서신서는 아버지의 사랑이 아닐까 싶은데, 맞는지요?"

"아버지의 사랑이라…오! 일리가 있는 말이네. 그나저나 자네는 어떻게 나에 대해서 그렇게 많이 알고 있는가? 신기하구만. 정말 내가 교회들에게 보냈던 편지를 다 읽었다는 말인가? 내가 전도했던 여정과 그 편지들이 신약성경이란 이름으로 전해지고 있다는 것인가?"

사도 바울은 나의 인터뷰에 응하면서 자주 놀란 표정을 지었다. 나는 그가 여행한 모든 지역의 이름을 알고 있고 거기서 일어났던 사건들을 낱낱이 알고 있었기에, 그가 자신의 전도여행 여정을 말할 때마다 맞장구를 쳐 주었기 때문이다.

우리에게 주어진 신약성경에는 그의 모든 행적과 그가 보냈던 편지가

다 기록되어 있다. 21세기의 한국 기독교인들이 매일 그의 서신서를 묵상하면서 신앙의 지침으로 삼고 있다는 이야기에도 사도 바울은 적잖이 놀랐다. 그도 그럴 것이, 그가 알고 있는 성경이란 다른 여느 유대인들처럼 구약만을 지칭한다. 모세오경의 토라와 시가서, 선지서가 포함된 구약성경이 전부였던 그에게 신약성경이라는 이름은 꽤나 낯설었을 것이다.

나는 신앙생활을 하면서 성경을 많이 읽었다. 특히 사도행전과 바울 서신서들을 읽으면서 상상 속의 그를 자주 만났다. 기록만으로는 현장의 생생함을 느낄 수 없었기에 상상력을 최대한 동원해야 했다. 그런 점에서 그가 걸어갔던 곳, 그 성지를 직접 가서 보고 듣고 하는 일은 정말 탁월한 선택이었다. 성지를 직접 보고 와서 읽는 성경과 보지 않고 읽는 성경은 하늘과 땅 차이이다. 마치 그림의 떡처럼 그냥 맛있어 보인다고 느끼는 것과 현장에서 직접 그 떡을 먹어보는 것의 차이이다.

사도 바울 외에도 사도 바울과 동행했던 마가 요한이나 바나바와 같은 사람들도 상상을 통해 만나 보았다. 그들의 마음은 어땠을까? 그런 상상을 하노라면 상상만으로도 설레고 뭉클하다.

1) 기록 연대

전도 여행	1차 전도여행	2차 전도여행	3차 전도여행	첫 번째 수감	두 번째 수감
연도	47~49(2년)	49~52(3년)	53~58(1년)	60~63(3년)	65~67(2년)
서신서		데살로니가전서 갈라디아서 데살로니가후서 기록 장소: 고린도	고린도전서 고린도후서 기록 장소: 에베소 로마서 기록장소: 고린도	골로새서 빌레몬서 에베소서 빌립보서 기록 장소: 로마	디모데전서 디도서 디모데후서 기록 장소: 로마

2) 서신서의 특징과 기록 목적

서신서	기록 장소	기록 목적
데살로니가전서	2차 여행 고린도	디모데의 보고를 듣고 데살로니가 교인들의 좋은 믿음에 감사하고, 잘못된 점은 고쳐 주기 위함
데살로니가후서		그리스도의 재림을 오해하고 일상생활에 충실하지 않고 들떠 있는 사람들에게 재림을 기다리는 태도를 가르치기 위함
갈라디아서		유대 율법주의자들의 잘못된 가르침을 꾸짖고 오직 예수 그리스도 안에 구원과 자유함이 있음을 깨우쳐 줌

고린도전서	3차 여행 에베소	고린도 교회가 당면한 여러 문제점들과 의문점들에 대해서 신앙적인 답변과 교훈을 주기 위함
고린도후서		전도자이자 사도로서 자신에 대한 오해를 풀어 주고, 고린도 교회 문제를 해결하며, 예루살렘 교회의 구제를 호소함
로마서	3차 여행 고린도	로마에 있는 믿는 자들에게 복음과 성도의 생활을 가르쳐 주고자 함
에베소서	1차 수감 로마	그리스도 안에서 유대인이나 이방인이나 모두가 한 몸이라는 참 교회의 의식을 일깨워 분열을 방지하기 위함
골로새서		골로새 교회에 침투한 혼합주의 이단 사상을 배격하고 그리스도의 복음을 알리고자 함
빌레몬서		도망친 종의 구원과 회복을 통해 복음을 선명하게 보여주고자 함
빌립보서		빌립보 교인들이 보내준 헌금에 감사를 표하면서 주 안에서 참된 소망과 기쁨을 제시하며 위로하고 격려함
디모데전서	2차 수감 로마	자신의 제자이자 에베소에서 목회하는 디모데를 격려하고, 예배 및 교회와 관련된 지침들을 가르쳐 주면서 에베소 교회를 잘 감독하고 섬기도록 하기 위함
디도서		그레데 섬에서 목회하고 있는 디도에게 목회사역의 지침을 가르쳐 주어, 성도에게 합당한 선한 행위가 하나님의 구원 열매임을 가르치고자 함
디모데후서		죽음을 앞둔 바울이 디모데에게 그리스도의 선한 군사로서 다가오는 모든 시련들을 잘 견디고 청년의 정욕을 피하고 믿음과 의로움 가운데 생활할 것을 권면함

7.
신약성경의 살이 된 바울의 삶과 서신서

신약성경 27권 중 14권은 바울의 저작이다. 히브리서는 저자가 바울이 아니라는 설을 인정한다 하더라도 신약성경의 절반이 그의 기록이니 사도 바울의 역할이 얼마나 큰가를 볼 수 있다. 4복음서와 사도행전만 있었다면 뼈대만 앙상한 사람처럼 보기에 좋지 않았을 것이다. 서신서가 있어서 적당히 살이 있고 몸집도 있고 보기에도 좋고 근육의 힘도 적절히 잘 조화된 사람처럼 신약성경으로서의 면모를 제대로 갖출 수 있었다.

특히 그 당시 에베소에 있는 그리스도인 가정에 제시했던 사도 바울의 지침(엡 5:22~6:9)은 오늘날 현대 가정에도 동일하게 적용된다. 신앙적인 차원뿐 아니라 가정생활에까지 구체적인 지침을 제공해 준다. 아마 바울이 어릴 때부터 토라와 탈무드를 공부했던 것의 영향으로 보인다. 유대인들은 어릴 때부터 토라와 탈무드를 공부하는데, 특히 탈무드에는 가정생활 지침도 많이 언급되어 있다.

성경은 구약 39권, 신약 27권으로 66권 모두를 하나로 묶은 책이다. '3×9=27'이라는 구구단으로 성경 권수를 외우기도 한다. 히브리어로 기록된 '구약'은 처음 5권인 창세기, 출애굽기, 레위기, 민수기, 신명기를 모세가 기록했다고 해서 '모세오경'이라고 하는데 유대인들은 '토라'라고 한다. 물론 모세는 기록자일 뿐 모든 성경의 원저자는 하나님이시기에 성경은 '하나님 말씀'이다.

창세기의 기록 연대는 주전 1400년경으로(그 배경은 훨씬 더 앞이겠지만) 지금부터 3,400년 전이다. 그 후 한 번의 수정도 없었으니, 기록 후 끊임없이 수정, 보완하는 사람의 작품과는 감히 비교도 안 되는 차별성이 돋보인다. 또 헬라어(그리스어, 그릭어)로 된 '신약'은 주후 100년경에 마지막으로 사도 요한이 구약의 성취서이며 새 언약의 예언서로 계시록을 기록했다. 이로써 성경은 약 1,500년에 걸쳐 완성되었고, 지금의 신구약은 최종 정경(canon)으로 채택된 성경이다.

신구약의 기록자는 40여 명으로, 그들 중에는 동시대에 산 사람들도 있었지만 서로 만나보지도 못한 자들도 많다. 그런데도 관주, 즉 구슬을 꿰듯이 모두 한 방향을 가리키고 있어 시간과 공간을 초월하신 하나님이 저자임을 증거한다. 가리키는 그것과 그곳이 바로 언약으로써 복음을 말하고 있다.

하나님이 처음 복음을 선언하신 곳은 창세기 3장 15절의 '여자의 후손'인데, 그가 바로 그리스도이다. 그 '여자의 후손'이 어느 가문을 통해, 어느 지역에, 어떻게 태어나, 어디서 살다가, 어떻게 팔리며, 왜 죽어야 하며, 어디에서 죽으며, 죽은 후 어디에 묻혀, 그 뒤에 썩지 않고 어떻게 되었으며, 부활 후 제자들을 통해 어떻게 여자의 후손으로서 사역을 잇게 하였는지에 대한 이야기의 연속이다. 그래서 예수님도 모든 성경의 주인공이 자신이라고 선언하셨다(요 5:39).

신약성경 히브리서에는 모세가 이스라엘 백성을 인도하며 겪는 수고를 애굽의 모든 보화보다 더 큰 재물로 여겼다고 하면서 그 이유를 '그리스도를 위한 것'이었다고 묘사하고 있다(히 11:26). 그리스도가 오지 않았을 때인데도 그렇게 표현한 것은 모세가 이 땅의 모든 것을 다 던져 성취될 여자의 후손 언약 편에 섰다는 것이요, 모세가 출애굽의 모든 여정을 이끈 것은 죄에서 인류를 구출해 줄 그리스도를 예표하는 것으로 해석한다. 이처럼 앞서 간 구약의 모든 증인들은 오실 메시아를 믿음으로 바라보았기에 이 세상의 어떤 세력도 그들을 어쩌지 못했다고 성경은 말씀한다. 그런 믿음을 가진 사람은 그 누구도 대적할 수 없었다.

"이런 사람은 세상이 감당하지 못하느니라" 히 11:38

사도 바울이 제일 마지막에 쓴 것은 바로 영적인 아들이자 목회자인 디모데에게 보낸 편지인 디모데전·후서로, 목회자와 많은 전도자들이 사역 현장에서 이런저런 일로 힘들 때 지침과 위로를 주는 성경이다. 디모데전·후서는 목회 서신이자 동시에 개인 서신이다. 바울이 디모데를 영적인 아들로까지 생각하는 것은 루스드라에서 목숨 걸고 전도할 때 얻은 열매이기 때문이다(행 14:19). 디모데에 대한 표현 중에는 "참 아들 된 디모데"(딤전 1:2) 외에도 여러 가지가 있는데 바울 입장에선 그를 아들과 같이 생각했고, 자신의 목회 후계자로 여겼기 때문이다. 그리고 늘 이렇게 강조했다.

> "그러므로 너는 그리스도 예수 안에 있는 은혜 가운데서 강하고" 딤후 2:1

요즈음 다단계 사업, 피라미드 사업이라는 이름의 네트워킹 마케팅을 하는 사람들이 적지 않다. 원래 이렇게 조직을 나눈 것은 관리를 위한 좋은 방편이었다. 모세의 장인 이드로가 사위 모세에게 준 현명한 해결법이었다. 출애굽한 이스라엘 백성들 사이에 크고 작은 분쟁이 있었는데, 모세는 그 많은 분쟁을 처리해 주느라 하루 종일 재판만 해야 했고 백성들은 땡볕에 줄을 서서 기다리느라 탈진하는 사례가 빈번했다. 이에 모세의 장인 이드로는 지혜롭지 못한 사위 모세에게 조직을 피라미드처럼 나누라고 조언한다. 조직의 단위를 십부장, 오십부장, 백부장, 천부장 식으로 나눠서 작은 일은 스스로 처리하게 하고 큰 일만 모세가 처리하도록 한 것이었다(출

18:21~22).

오늘날 병의원 시스템도 이와 같아서, 간단한 질병 정도는 동네 의원에서 해결하고, 수술이 필요한 병이나 난치병 및 고질병은 대학병원이나 종합병원으로 가게 하는 것과 같다. 또한 법조계 시스템으로 본다면, 지방법원이 있고 대법원이 따로 있는 것과 같은 원리이다. 이 같은 원리는 세계사의 흐름 속에서 조직을 관리하고 다루는 탁월한 방식이었다. 그만큼 출애굽 당시의 이스라엘은 조직으로서의 체계를 제대로 갖추지 못한 오합지졸이었던 것이다.

아마 바울도 그런 피라미드 조직을 전도 전략에 활용했을 것이다. 사도 바울은 디모데에게 "네가 많은 증인 앞에서 내게 들은 복음을 충성된 사람들에게 증거하면 그들이 또 다른 사람들에게 전달하듯, 나 바울은 너 디모데에게, 너는 또 충성된 자에게, 그러면 그들은 또 다른 사람들에게 전하기를 바란다"라고 하며 가법 방식(더하기)을 뛰어넘는 승법(제곱)의 전도, 즉 시너지 전도 방법을 전하기도 했다(딤후 2:2).

로마서 16장에는 자신과 사역을 같이 했던 수많은 사역자들을 일일이 언급하고 있는데, 그들 각각에게도 팀 사역을 하도록 위임했을 가능성이 높다. 특히 바울이 고린도에서 만났던 아굴라와 브리스길라 부부에게 전하고, 그 부부는 아볼로에게, 아볼로는 또 다른 사람들에게 전하며 복음사역이 이어졌다. 이렇게 복음 운동은 기하급수적으로 확산되어 간 것으로 보인다(행 18:24~28). 바울은 디모데후서를 마지막 서신으로 남긴 후 폭군 중의 폭군이자 정신이상자였던 네로 황제에 의해 베드로와 같이 순교했다. 바울은 로마 시민권을 가졌기에 피정복민 유대인처럼 십자가에 달려 죽진 않았다.

사도 바울과의 인터뷰 7

왜 성경은 하나님의 짝사랑 이야기일까요?

"성경이 뭐라고 생각하시는지요?"

내가 물었다. 사도 바울은 사뭇 진지한 표정으로 답했다.

"말 그대로 하나님의 말씀이지. 그 속은 온통 하나님의 사랑이야."

"맞습니다. 그런데 그 사랑은 일종의 짝사랑 아닐까요?"

"짝사랑이라…자네 표현을 듣고 보니 그렇긴 하네. 아브라함과 이삭과 야곱으로 이어져 마침내 이스라엘이라는 선민이 형성되는 과정 전체가 그분의 짝사랑이긴 하지. 이 백성들은 끊임없이 거역하고 불순종하고 이방신을 섬겼어. 오죽하면 하나님께서도 모세에게 이스라엘 백성을 "목이 곧은 백성"(신 9:13)이라고 하셨을까? 그런데 목이 곧다는 말은 따지고 보면 이스라엘 백성이나 우리나 별반 다를 바가 없지, 뭐."

"그래서 성경을 읽다 보면 안쓰럽고 안타깝고 하나님이 불쌍하게 느껴질 때도 있어요. 하나님은 그토록 자기 백성을 사랑하시는데 백성들은 끊임없이 그 사랑을 거절하는 모습을 보고 있노라면 참 답답하고 안타깝고, 분노가 치밀어 오를 때도 있습니다. 그런데 바로 그것이 저의 모습인 것을 깨닫게 될 때면 한없이 부끄럽기도 합니다. 그럼에도 불구하고 하나님의 강렬한 짝사랑 덕분에 구원을 받고 하나님의 백성으로 살아가는 지금의 저를 생각하면 이 모든 것이 은혜라고 고백하지 않을 수 없습니다."

"그렇지. 전적으로 하나님의 은혜지. 나도 자주 그렇게 느낀다네."

"사랑의 대상자가 짝사랑을 외면할 뿐 아니라 도리어 핍박자까지 된다면 얼마나 더 가슴 아플까요? 그렇게 본다면 사도 바울 님이 전도여정을 다닐 때 가장 힘들게 했던 사람들도 유대인들이었죠? 하나님의 뜻을 가장 잘 알아야 하는 사람들이 가장 큰 핍박자인 것에 얼마나 마음이 아프고 힘드셨을까 싶네요."

"그렇지. 그런데 사실 나는 유대인들의 핍박을 받을 때마다 나의 옛날 시절을 떠올리곤 했다네. 나 역시 그랬거든. 그래서 다메섹 도상에 나타나신 예수께선 나를 보고 '사울아, 사울아. 왜 나를 핍박하느냐?'라고 하셨지. 나는 예수님을 핍박했던 사람이었던 거야. 핍박을 하던 주체가 핍박을 당하는 객체가 되고 보니 기분이 참 묘하더군."

하나님의 짝사랑 방식이 오늘날 많은 목회자들의 사역 방식으로 이어진 것은 아닐까 생각한다. 목회자들이 어떨 땐 어머니와 아버지처럼 마음 졸이며 성도를 품고 사랑하는데 그게 짝사랑일 때면 가슴이 참 아프다.

8.
사도행전은 여전히 현재진행형(~ing)

사도행전은 역사서이다. 과거에 끝난 역사의 기록만이 아니라 여전히 진행형(~ing)인 역사다. 따라서 예수 그리스도를 믿는 신앙 고백을 한 사람은 누구나 예외 없이 사도행전을 쓰는 역사 속 주인공이다. 이 역사는 예수님의 재림으로 끝날 것이다. 그래서 사도행전은 각자에게 '내가행전'이어야 한다. 나도 일생을 정리할 때 그리스도를 전하는 삶이었는지 살펴보아야 할 것이다. 그때 부끄럽지 않도록 그동안의 여정과 또 앞으로 가야 할 방향을 한 번쯤 정리하려고 한다. 나는 과연 나의 내가행전에 얼마나 많은 내용을 기록할 수 있을까?

사도 바울과의 인터뷰 8
왜 다시 태어나도 하고 싶은 일이 있어야 할까요?

이번에 사도 바울을 인터뷰한 곳은 로마의 셋집이었다. 그에게서 풍기는 이미지가 옷깃을 여미게 했다. 핍박이 많았던 다른 전도여행지와는 달리 여기서는 꽤나 자유로웠기 때문에 그에게선 여유가 묻어 나왔다. 간간이 간식과 간단한 식사도 챙겨 주는 자상함도 있었다.

이번에는 내가 질문을 하기 전에 그가 나에게 먼저 질문을 했다.

"자네는 다시 태어나도 목회자이고 싶은가?"

아마 당장의 대답을 원했던 질문이 아니었을 것이다. 어쩌면 바울 스스로에게 던지는 질문이었을지도 모른다. 그래서 내가 대답을 하기 전에 사도 바울이 계속 이어 말했다.

"난 말일세, 다시 태어나도 복음 전도자이길 희망한다네. 나는 60세까지 복음을 전했어. 네로 황제 덕분에 참수형으로 순교하는 특별한 은혜를 입기도 했지. 주님을 위해서 죽을 수 있다니…그건 얼마나 감격스러운 일인지 몰라. 정말 특별한 사람에게만 주어지는 은혜야."

이렇게 말하는 사도 바울의 표정엔 결연한 의지가 드러났다. 어떤 일에 결단과 각오를 한 사람에게서만 풍겨 나오는 숭고함이다. 사도 바울은 계속 말을 이어갔다.

“생각해 보니 내가 걸어서 다닌 거리가 족히 2만km 정도더군. 자네가 사는 세상엔 자동차라는 게 있다는데 그 시절에 나는 오롯이 걸어서 다닐 수밖에 없었어. 물론 말이라는 교통수단이 있었지만 쉽게 얻을 수 있는 것은 아니었지. 그래도 그 발걸음이 무겁진 않았어. 복음을 들고 걷는 길은 언제나 가볍고 설렜어. 발걸음이 닿는 곳에서 일어날 역사를 기대할 수 있었으니까 말이야. 만약 나에게 또다시 인생이 주어진다 해도 나는 복음 전도자의 길을 걷고 싶고, 마지막 역시 나를 순교의 제물로 드리고 싶다네.”

사도 바울의 말에 나는 한없이 작아지는 느낌이 들었다. 조금만 귀찮아도 차를 이용하는 내 게으른 습성이 못내 부끄러웠고, 다시 태어난다 해도 복음 전도자의 삶을 추구할 것이라는 그의 말에 부끄러웠다. 목회자로, 상담자로, 선교사로 여러 가지 역할을 하고 살았지만 때론 지치고 때론 사람에 치여 실망과 우울감에 빠져 사역자의 길을 포기하고 싶은 생각이 불쑥불쑥 솟아오르는 나였다. 나는 과연 2만km를 걸을 수 있을까? 건강을 위해 매일 만 보를 걸으라는 의사의 권유를 받고 어떻게든 그 걸음수를 채우려 애를 쓰지만 여간 힘든 것이 아니다. 적어도 두세 시간, 7~8km는 걸어야 만 보를 채울 수 있다. 여름에 만 보를 채우려면 온몸이 땀범벅이 되어야 했다.

"전 도무지 자신이 없습니다. 그 오랜 시간 복음 전도자의 열정을 잃지 않는다는 것도 상상하기 어렵고, 순교의 제물이 된다는 것도 머리로는 되는데 의지로는 솔직히 두렵습니다."

그래도 사도 바울은 나를 책망하거나 한심하다는 표정을 짓지 않았다. 오히려 친근한 눈빛으로 나를 바라보면서 온화한 음성으로 말을 이었다.

"당연하지. 사람의 힘으로만 하려고 하면 그럴 수밖에 없어. 다만 하나님이 주시는 힘으로 하면 돼. 때마다 성령 하나님의 도움을 통하면 가능하다네. 나에게 마케도냐 환상을 보여주신 분도 그분이셨고, 때마다 명확한 방향과 확신을 주신 분도 그분이셨어. 하나님의 사역은 자네 혼자 하는 게 아니라네. 성령께서 함께하셔야 가능하지."

"아! 저 같은 사람도 성령께서 함께하시면 가능하다는 말씀이네요. 제가 사는 세상엔 기차라는 것이 있어요. 깔아 놓은 선로를 통해 운행하는 길고 큰 수레인 셈인데, 사람을 태우는 객차나 화물을 싣는 화물차를 여러 개 연결할 수 있어서 열차(列車)라고 부르기도 합니다. 열차는

맨 앞에 기관차가 있어 다른 객차를 끌고 갑니다. 그러니까 성령님께서 기관차가 되신다면 객차인 저희도 얼마든지 원하는 목적지로 갈 수 있다는 뜻으로 해석해도 될는지요?"

"그런 게 있는가? 아무렴! 가능하고말고. 자네의 그 표현이 참 좋네. 맞아. 성령께서 기관차 역할을 안 해 주셨다면 난 제대로 할 수 있는 일이 없었을 것이네. 그분의 뜻을 따르면 가는 곳마다 열매가 있었고, 그분의 뜻을 따르면 불가능한 일도 얼마든지 할 수 있었지. 어쩌면 순교의 영광 또한 그분의 인도하심이 있어야 가능할 거야. 그 마지막 순간까지도 그분의 은혜 없이 가능한 일은 없는 셈이지."

사도 바울의 말을 들으면서 나 자신의 부족을 한탄하거나 자신을 폄하하는 것도 어떤 면에선 성령의 능력을 제한하는 죄가 될 수 있겠다고 생각했다. 그리고 사도 바울의 말을 들으며 순교의 영광조차 성령의 도우심 없이는 불가능하다는 것을, 마지막까지 그분의 은혜 속에 있어야 한다는 것을 확실히 깨달았다. 사실 사도 바울 역시 고린도 교회에 보낸 편지에서 자신에게 일어난 모든 일이 하나님의 은혜였다고 말한다.

"내가 나 된 것은 하나님의 은혜로 된 것이니 내게 주신 그의 은혜가 헛되지 아니하여 내가 모든 사도보다 더 많이 수고하였으나 내가 한 것이 아니요 오직 나와 함께하신 하나님의 은혜로라" 고전 15:10

Ⅱ

사도 바울의 1차 전도여행

바울의 1차 전도여행은 A.D. 47년에서 49년까지 약 2년 동안 이어졌고, 이동 거리는 약 2,300km 정도였다. 그리고 중심 전도 지역은 지중해 동부에 위치한 구브로(Cyprus) 섬과 남부 지방인 갈라디아(South Galatia)였다.

이동 거리 2,300km는 자동차가 일상화된 현대인들에게는 그다지 먼 거리가 아닐 수 있지만 길이라곤 해상과 육로밖에 없는 데다 교통수단이라곤 오로지 두 발만 이용해야 하는 당시의 형편으로 보면 실로 엄청난 거리였다.

3차 전도여행 기간에 기록한 고린도후서를 보면, 당시의 장거리 여행에 따른 고충이 어떠했는지를 충분히 짐작할 수 있다.

> "여러 번 여행하면서 강의 위험과 강도의 위험과 동족의 위험과 이방인의 위험과 시내의 위험과 광야의 위험과 바다의 위험과 거짓 형제 중의 위험을 당하고 또 수고하며 애쓰고 여러 번 자지 못하고 주리며 목마르고 여러 번 굶고 춥고 헐벗었노라" 고후 11:26~27

언제 어디라도 편한 곳이라곤 없었다고 표현할 만큼 힘든 여정이었다.

그러면 먼저 바울의 여행경로를 따라 1차 전도여행을 보도하고 있는 사도행전 13, 14장을 개괄해 보자. 첫 문단인 13장 1-3절은 1차 전도여행의 개시 기사로서, 성령의 지시를 따라 안디옥 교회가 바나바와 사울을 선교사(宣教師)로 파송하는 장면이다. 이때 선교의 주체는 성령님이고, 교회는 그 명령을 따르는 공동체이며, 선교사인 바울과 바나바는 실행의 주체임을 알 수 있다. 그래서 선교는 반드시 성령의 인도하심과 동행하심이 있어야 한다. 아무리 탁월한 전도자라도 혼자서는 불가능하다. 선교는 하나님의 일이요, 하나님의 계획이기 때문이다.

1.

1차 전도여행을 떠나는 바울과 바나바

사도행전 전체의 내용은 주님의 선교 지상 대명(The Great Commission, 행 1:8)이 성취되어 가는 과정이다.

사도행전의 개괄을 살펴보면, 1~7장은 첫째 단계로 오순절 성령 강림에 의한 예루살렘 교회의 태동과 예루살렘에서의 교회 확장을 다루고 있다. 8~12장은 둘째 단계로 유대와 사마리아 및 팔레스타인 전역에서의 복음과 교회 확장을 다루고 있다. 13~28장은 셋째 단계로써 안디옥에서부터 로마까지의 복음과 교회 확장 과정을 설명하고 있다.

셋째 단계인 13~28장의 내용은 다시 13장 1절부터 21장 16절까지 기록된 사도 바울의 3차에 걸친 전도여행과 21장 17절 이하부터 끝까지 이어지는 바울의 체포와 투옥, 로마로 가기까지의 여정에 대한 기사로 구성되어 있다.

전반부에서는 변두리에 머물렀던 바울이 후반부에서는 핵심 인물로 등장한다. 하나님은 전도자이자 선교사인 바울을 통해 구원의 복음이 로마까지 가게 하신다. 헤롯 아그립바 1세의 핍박으로 사도 야고보를 잃은 교회가 하나님의 놀라운 역사 속에 더욱 성장하는 모습으로 전반부가 마감되었다면, 후반부 역시 이와 비슷하게 바울이 비록 죄수의 몸이 되어 가택 연금 상태에 있었으나 그가 증거하는 복음은 어떠한 방해도 받지 않고 선포되고 있음을 보여주며 대미를 장식한다. 예루살렘의 사도들을 통해 강력하게 역사하신 주님은 이제 바울을 통해 역사하신다.

이러한 전체적인 구도에서 볼 때, 13장이 이방인을 위한 선교사로서 바울의 데뷔 장과 같은 역할을 하는 것은 우연이 아니다. 사울이 비시디아 안디옥에서 행한 긴 설교(행 13:16~41)는 예수님이 나사렛 회당에서 행하신 최초의 설교(눅 4:18~22)와 사도 베드로가 오순절 성령 강림이 있던 날 행한 최초의 설교(행 2:14~40)와 같이 이방 선교사역에 대한 서론 역할을 한다.

13장은 이방 선교사역의 전진 기지인 안디옥 교회에 관한 기록(1~3절), 구브로에서 선교사역을 하는 바나바와 사울(4~12절), 그리고 비시디아 안디옥에서 선교하는 사울(13~52절) 등으로 구성되어 있다. 가장 많은 비중을 차지하고 있는 것은 비시디아 안디옥에서 사울과 바나바가 선교사역을 펼치는 내용이다. 비시디아 안디옥에서의 선교사역에 대한 내용은 사울의 설교(16~41절)와 그 설교에 대한 이방인과 유대인의 상반된 반응(42~52절)으로 세분된다. 전체적으로 13장은 14장과 함께 사울과 그의 일행이 소아시아 지역에서 행한 1차 전도여행을 다룬다(행 13:4~14:28).

사도 바울과의 인터뷰 9

왜 하나님께 따지고 덤벼들어도 괜찮을까요?

내가 사도 바울에게 물었다.

"혹시 왜 하나님께서 사도님을 복음 전도자로 선택하셨는지 물어본 적 있나요?"

사실 내 질문의 뉘앙스는 '물어본 적 있느냐'가 아니라 '따져 본 적 있느냐?'에 가까웠다. 목회사역을 하면서 속상하고 힘겨울 때면 '왜 내가 목사가 되었을까? 왜 하나님이 나를 목회자로 부르셨을까?'를 생각하며 후회하거나 원망한 적이 더러 있었던 까닭이다.

성경에는 하나님께 대놓고 따졌던 사람들의 이야기가 더러 있다. 모세도 늘 불순종하는 이스라엘 백성들에게 지쳐 "내가 언제 이 백성의 지도자가 된다고 했습니까?"라고 따졌다. 요나도 회개의 메시지를 들은 니느웨 백성이 회개함으로 인해 멸망이 임하지 않자 "하나님! 내가 이럴 줄 알았습니다"라고 따졌다. 하박국 선지자 역시 하나님을 거역하고 무시하고 사는 인간들은 떵떵거리고 사는데 하나님의 백성은 힘겹게 사는 모습을 보고 하나님께 따졌다.

물론 그때마다 하나님은 질문을 통해서 스스로 깨닫기까지 인내하셨다.

죄와 잘못을 지적하고 공격할 때 사람은 본능적으로 방어하느라 거짓말하고 더 화를 내지만 죄와 잘못을 깨닫도록 하면 스스로 행동을 바꾼다. 하나님께서 모세와 요나와 하박국을 다루셨던 방식이 바로 스스로 깨닫게 하는 방식이었다.

그런데 사도 바울은 다른 말을 해주었다.

"나는 사실 따질 시간적 여유가 없었어. 다메섹 도상에서 강한 빛 가운데서 그분의 음성을 들었고, 3일 동안 맹인으로 있다가 아나니아의 안수를 통해 눈을 다시 떴지. 그때 뜨인 눈은 육체적인 눈만이 아니라 그동안 내가 살아왔던 모든 방식에 대해 새롭게 뜬 눈이기도 해. 나를 부르신 목적도 그냥 자연스럽게 받아들였다네."

"그래도 힘들고 어려울 땐 따지고 싶을 때가 있지 않았는지요? 저는 가끔 그러거든요. 왜 나냐고…, 'why me?'라고 하면서 푸념하듯 기도할 때가 더러 있습니다."

"'why me?'만 묻지 말고 'why not me?'를 물어야지. 하나님이 부르실 때, 왜 나는 아니냐고 묻는 사람이어야지. 하나님께 따지고 덤벼드는 게 오히려 이상하지 않은가? 이사야 선지자는 '내가 여기 있사오니 나를 보내소서'라고 말했어. 하나님의 일을 할 때 나는 예외라고 생각하는 게 문제지. 그 누구든 그분의 일에서 예외는 없어."

하나님께서 이방인을 위한 전도자로 사도 바울을 선택하시는 과정을 보면서 나는 생각했다. '왜 사도 바울일까? 왜 나일까? 왜 나는 목회자가 되었을까? 왜 나를 부르셨을까?' 나는 어릴 때부터 사람을 좋아했다. 사람을 만나면 행복하고 다른 사람을 기분 좋게 만들어 주는 성품을 가지고 있었다. 좀 무례하고 싫은 짓을 하는 사람도 나에게는 큰 불편으로 느껴지지 않았다. 오히려 그런 사람의 마음이 이해되었다. 그래서 어떻게든 그를 돕고 싶었다. 하나님께서 나를 사용하신다면 아마 그런 마음을 보셨던 것이리라. 언변이 탁월한 것도 아니고 특별한 재능이 있는 것도 아닌데 말이다.

하나님의 관점은 사람과 다르다. 하나님은 사람을 쓰실 때도 그 중심과 가능성, 이뤄질 사역의 열매를 기대하시고 선택하신다. 그래서 예수님의 수제자 베드로가 아니라 제3의 인물인 바울을 통해서 신약성경을 완성하고 이방인을 위한 사도로 쓰신 것이다.

사도 바울의 말마따나 사명자는 하나님을 향하여 "why me?"를 물어야 함과 동시에 자신을 향해서는 "why not me?"를 물어야 한다. 그래야 사명과 소명을 발견할 수 있다.

2.

바울의 1차 전도여행 개요

바울은 바나바와 함께 마가 요한을 데리고 안디옥 교회의 파송으로 1차 전도여행을 떠난다.

* 주후 47~49년, 약 2년
* 사도행전 13장 1절~14장 28절
* 출발지: 수리아 안디옥
* 여행자: 바울과 바나바(마가 요한은 버가에서 예루살렘으로 돌아감)

1) 여행 경로

안디옥(수리아) → 살라미(구브로) → 바보(구브로) → 버가(밤빌리아) → 안디옥(비시디아) → 이고니온 → 루스드라(루가오니아) → 더베 → 루스드라 → 이고니온 → 안디옥(비시디아) → 버가 → 앗달리아 → 안디옥(수리아)

바울의 1차 전도여행도

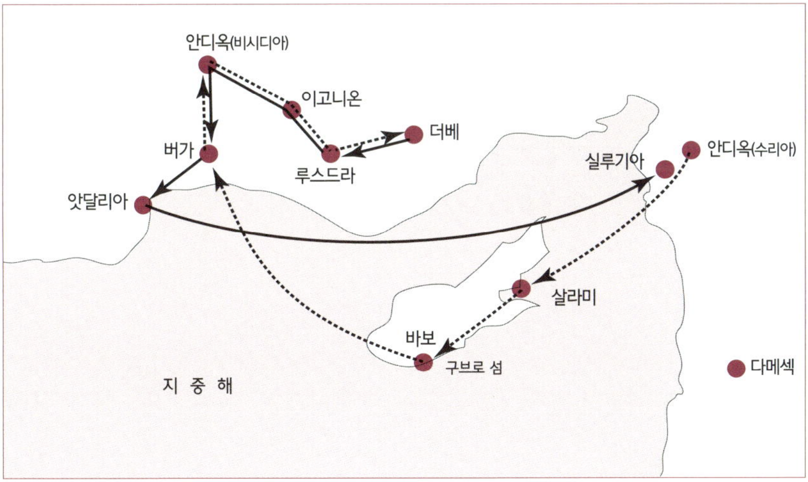

2) 여행지에서 생긴 일

* 바보: 로마 총독 서기오 바울에게 복음을 전했다.
* 버가: 마가 요한이 예루살렘으로 돌아갔다.
* 안디옥: 밤빌리아 버가를 지나 비시디아 안디옥에 도착하여 안식일에 회당에 들어가 예수를 증거했다.
* 이고니온: 많은 사람들이 믿음. 대적자들의 능욕과 돌로 치려고 하는 음모를 알고 도망하여 루가오니아 지방의 두 성읍 루스드라와 더베로 도망갔다.
* 루가오니아: 루스드라에서 나면서부터 앉은뱅이 된 자를 고침. 대적자들에 의해 성 밖에 끌려 나가 환난을 당했다. 바나바와 함께 더베로 갔다.
* 루스드라, 이고니온, 안디옥: 제자들의 마음을 굳게 하였다.

① 바나바와 바울은 안디옥 교회에서 안수 받고 선교사로 파송되었다.

② 실루기아에서 배를 타고 구브로 섬(바나바의 고향)으로 갔다.

③ 구브로의 수도 바보에서 총독 서기오 바울에게 전도하였다.

전도를 방해하는 마술사 바예수의 눈을 멀게 하였다.

이를 본 총독이 예수를 믿었다.

④ 밤빌리아 지방 버가에서 마가 요한이 떠났다.

⑤ 타우루스 산맥을 넘어 비시디아 안디옥으로 갔다.

회당에서 설교하였다.

믿는 자도 있었지만 유대인들이 시기, 비방, 선동, 핍박하였다.

⑥ 이고니온에 있는 회당에서 설교하였다.

많은 무리가 믿었다.

유대인들, 관원들이 능욕하며 돌로 치려고 하자 도망하였다.

⑦ 루스드라에서 앉은뱅이를 치유하였다.

사람들이 신으로 받들려고 하는 것을 거절하였다.

안디옥에서 쫓아온 유대인들이 바울을 돌로 쳤다.

⑧ 더베에서 복음을 전하여 많은 사람을 제자로 삼았다.

⑨ 루스드라, 이고니온과 안디옥으로 되돌아가면서 제자들을 격려하고 교회의 장로를 세웠다.

⑩ 안디옥으로 돌아와 하나님이 하신 일과 이방인들이 믿어 구원받음을 보고하였다.

3.
1차 전도여행 주요 거점 도시

* 수리아 안디옥(수리아에 있는 안디옥, Antioch of Syria)

1. 위치와 개요

구브로 섬 동북부, 다소의 동남부에 있는 지중해 연안도시. 주전 300년 경에 수리아 왕 셀류쿠스가 건설하였는데 당시에는 세계에서 제일 화려한 도시였다.

2. 관련 기사

① 니골라의 고향(행 6:5) ② 스데반의 순교 후 흩어진 그리스도인들이 말

씀을 전한 곳(행 11:19~21) ③ 바나바가 처음 목회사역을 한 곳(행 11:22~24) ④ 처음으로 그리스도인이란 칭호를 받았다(행 11:26). ⑤ 바나바가 사도 바울을 청하여 같이 가르쳤다(행 11:25~30). ⑥ 처음 선교사 바울과 바나바를 파송하였다(행 13:1~4,15:35~41). ⑦ 바울이 안디옥 교회에 선교보고를 하였다(행 14:26~28). ⑧ 안디옥 교회에서 구제사업이 일어났다(행 11:29~30). ⑨ 안디옥 교회의 유력한 일꾼은 아가보, 시므온, 루기오, 마나엔, 사울(바울), 바나바 등이었다(행 11:28, 13:1~4). ⑩ 유대주의자들과 변론하였다(행 15:14; 갈 2:11~21).

스데반의 순교 사건을 기점으로 당시 그리스도인들이 사방으로 흩어졌는데, 그렇게 흩어진 무명의 그리스도인들이 베니게(두로, 시돈) → 구브로 → 수리아 지방의 안디옥까지 가서 복음을 전하여 안디옥 교회를 세웠다(행 11:19). 이 안디옥 교회는 수리아(Syria)의 안디옥(Antiock)이고, 사도 바울에게 있어서 1, 2, 3차 전도여행의 전진 기지이며 베이스캠프와 같은 곳이었다.

사도행전 13장 4~12절은 사울과 바나바가 1차 전도여행의 첫 번째 코스로 구브로(Cyprus) 섬을 방문한 내용을 다루고 있다. 이때 이

지역 총독이 복음을 듣고 믿게 되었으며, 그 외에도 많은 사람들이 주께로 돌아오는 열매가 있었다.

수리아 안디옥 교회는 3차에 걸친 바울의 전도여행을 모두 후원함으로써 베이스캠프 역할을 해주었으며, 그 후 교회는 성장하여 주후 325년 종교회의 때는 주교를 세 명이나 파송할 정도로 부흥하였다.

사도 바울과의 인터뷰 10

왜 전도는 구걸이 아닐까요?

내가 사도 바울에게 물었다.

"안디옥에서 1년간 사역하셨을 때, 안디옥 교회가 엄청나게 부흥했고 외부인들이 그들에게 그리스도인이란 이름을 붙여 주었잖아요. 성경을 읽을 때마다 뭉클한 장면이에요. 그때 느낌이 어떠셨어요?"

"그리스도인…참 멋진 이름이지. 그것도 우리 스스로 붙인 이름이 아니라 외부 사람들이 붙여 준 이름이라는 게 의미가 있어. '그리스도를 믿는 사람'이라는 뜻인데 그 이면에는 '매력 있는 사람들', '아주 특별한 사람들', '우리와는 전혀 다른 차원을 사는 사람들'이라는 뜻이 있네."

"그러니까 그때는 교회가 구걸하듯 전도하던 때가 아니었다는 말이군요. 오히려 불신자들이 교회를 부러워하고 신앙인의 삶을 동경했다는 뜻이네요. 제가 사는 21세기의 한국 그리스도인들도 그랬으면 좋겠어요."

"나도 그렇게 되었으면 좋겠네. 사실 안디옥 교회가 부흥의 역사, 교회의 아름다운 모델이 된 것은 나의 역할도 있었지만 그 이전에 바나바의 역할이 아주 컸다네. 바나바는 예루살렘 교회가 파송한 선교사였는데 원래 착한 사람이고 성령과 믿음이 충만한 사람이었지(행 11:24). 이미 그를 통해 큰 무리가 되어 있었는데 나는 가서 말씀을 가르쳤을 뿐이야. 밭이 좋으면 무슨 씨를 뿌려도 잘되는 것처럼, 바나바가 잘 일궈 놓은 밭에 내가 씨를 뿌린 것이지. 교회는 그렇게 함께하는 사역을 통해서 부흥을 이루는 게 가장 아름다워."

나는 사도 바울의 말을 들으면서 '현대 교회가 안디옥 교회를 벤치마킹하면 얼마나 좋을까?'를 생각했다. 평신도인 바나바가 인품과 성령으로 밭을 일궈 놓은 자리에 목회자인 바울이 가서 복음의 씨앗을 뿌렸더니 큰 열매를 거두었다. 외부 사람들이 교회 사람들을 보고 칭찬하고 인정해 주고 매력 있는 사람으로 봐 주었다는 것은 그것이 가장 완벽한 사역이었다는 뜻이다. 나는 비록 특수 사역을 하느라 목회를 하고 있지는 않지만 내 주변의 많은 목회자들, 전국 곳곳에서 이름도 없이 빛도 없이 목회하는 목회자의 교회마다 안디옥 교회 같은 부흥의 역사가 일어나길 기도한다.

* 구브로(Cyprus) 섬

1. 위치

지중해 북동쪽에 있는 섬(행 4:36)으로 현재는 사이프러스, 키프로스라고 부른다.

2. 관련 기사

① 깃딤이라고도 함(옛 지명, 창 10:4). ② 바나바의 출신지(행 4:36, 15:39). ③ 나손의 출신지(행 21:16). ④ 박해를 피해 온 사람들이 교회를 세웠다(행 11:19). ⑤ 지방 총독이 있는 곳(행 13:7). ⑥ 바울과 바나바와 마가 요한이 전도한 곳(행 13:4~12). ⑦ 바나바가 마가와 2차로 방문한 곳(행 15:39). ⑧ 유대교 회당이 있었다(행 13:5). ⑨ 바울이 부근을 두 번 항해했다(행 21:3, 27:4).

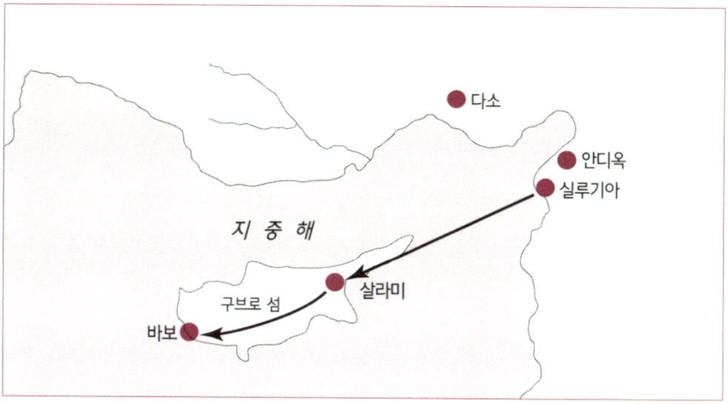

구브로는 안디옥의 항구인 실루기아(Seleucia)에서 약 120km 떨어진 지중해에 위치한 섬으로, 배편으로 만 하루 정도의 시간이 소요되는 곳이었다. 구브로는 오늘날 키프로스라고 불리며, 지중해에서 세 번째로 큰 섬이다. 지리적으로는 이스라엘과 터키 가까이 아시아에 인접해 있으면서도 유럽에 속한 나라이며, 구브로 섬 살라미는 바나바의 고향이다.

현재의 구브로는 1974년 이후 분쟁으로 인해 한국처럼 남북으로 나뉘어 있다. 남쪽 구브로와 바보는 전통을 지켜온 나라로 그리스의 영향을 받았고, 약 60만여 명이 살고 있다. 살라미를 포함한 북쪽 지역은 분쟁 후에 터키의 영향을 받았고, 약 15만여 명이 살고 있다. 적대 관계에 있는 두 나라는 한 섬에 살면서도 왕래가 없다. 현재는 UN 평화유지군이 관리하고 있다. 북쪽 영토인 살라미의 종교는 이슬람이며, 남쪽의 구브로는 그리스 정교회 지역이다. 고대 살라미는 5세기의 대지진으로 인하여 폐허가 되었고 현재는 유적만 남아 있다.

살라미에는 바나바의 무덤이 있고, 무덤 근처에 바나바 기념 교회가 있다. 주후 477년 바나바가 필사한 마태복음이 가슴에 얹혀 있는 그의 무덤이 발견되면서 로마 교황 제노(Zeno)에 의해 바나바 기념 교회가 건축되었다. 바나바는 사도 바울과 헤어진 후 고향 구브로에서 복음을 전하다가 돌에 맞아 순교했다고 전해진다.

* 살라미(Salamis)

1. 위치

지중해 동부에 있는 구브로 섬 동쪽 끝에 위치한 항구이며, 구브로 섬의 수도요 상업도시이다.

2. 관련 기사

사도 바울과 바나바가 1차 전도여행 시 이곳 유대인 거리에서 전도하였다(행 13:5). 이곳에 첫발을 디딘 것은 유대인이 많고, 바나바의 고향이었기 때문이다. 헤롯 왕이 이곳에서 구리를 채굴했기 때문에 유대인이 이곳에 많이 정착하였다.

단일 선교팀인 바나바와 바울은 구브로 섬에 함께 도착하였다. 도착하자마자 우선 섬의 동부에 위치한 항구인 살라미에서 유대인의 회당을 순회하며 유대인들에게 먼저 복음을 전파하였고, 이어 온

섬을 다니며 전도하였다. 이후엔 살라미에서 약 200km 이상 떨어진 구브로의 수도인 바보에 이른다.

* 바보(Paphos)

1. 위치

구브로의 서쪽 끝에 있던 성읍으로, 로마 지배하에서 구브로의 행정 수도였다. 여신 아프로디테 숭배지다.

2. 관련 기사

① 사도 바울이 1차 전도여행 때 바예수를 꾸짖고 총독 서기오 바울에게 전도하여 믿게 한 곳(행 13:6~12) ② 바울 일행이 버가의 본토로 가는 배를 탄 곳(행 13:13)

사도행전의 저자인 누가는 특별히 바보에서 있었던 일을 상세히 기록하였는데 그 당시 바보에는 로마의 지방 총독 서기오 바울이 있었다. 로마 귀족인 그는 교양이 있는 인물로서, 자연과학의 권위자이며 진리의 탐구자였다. 여느 지방 총독과 마찬가지로 그의 관저에는 로마 귀족의 자제들이 모여들었다. 그곳은 훗날에 대비하여 정치학을 배우는 정치 지망생들의 아카데미였다. 그 때문에 총독이었던 서기오 바울은 학자와 시인과 신비학자들을 초대하여 학술 연구를 하였다.

그들 중에 바예수라는 저명한 유대인이 한 명 있었는데 바예수는 엘루마, 즉 유대인 마술사로서 박수에 해당한다. 그는 이집트와 바빌로니아와 페르시아의 고전에서 비법을 배웠고, 각 지방을 여행하고 있었다. 바울과 바나바의 설교가 바보에서 청중들로부터 반향을 불러일으키자, 서기오 바울 총독은 두 전도자를 관저에 초대하여 이야기를 들으려고 하였다. 이런 사실을 알게 된 마술사 바예수(엘루마)가 적극적으로 반대하며 방해 공작을 펼쳤는데 혹시라도 서기오 바울이 기독교 신앙을 가질까 염려해서였다.

그러나 탁월한 변론가였던 바울은 오히려 현명한 총독의 높은 식견에 호소하였다. 범우주론적 관점으로 그에게 접근하였다. 자연적인 지식과 유일신 및 사람의 마음에 내재하시는 하나님과 온 우주의 창조주이신 하나님에 관하여 구체적으로 증언했다. 서기오 바울은 사도 바울의 말에 깊은 감명을 받았다. 그러면서도 그는 로마 법

률가의 입장에서 바예수의 의견도 들어볼 생각이었다.

그러나 바울은 그 마술사의 눈을 쏘아보며 말했다.

"거짓과 악행이 가득한 자요 마귀의 자식이요 모든 의의 원수여 주의 바른길을 굽게 하기를 그치지 아니하겠느냐 보라 이제 주의 손이 네 위에 있으니 네가 맹인이 되어 얼마 동안 해를 보지 못하리라" 행 13:10~11

바울의 말이 떨어짐과 동시에 곧 안개와 어둠이 바예수를 덮었고, 그는 앞을 볼 수 없어 더듬으며 자기를 이끌어 줄 사람을 찾을 수밖에 없었다. 자기의 눈으로 이 모든 광경을 목도한 총독 서기오 바울은 바울이 증거하는 예수 그리스도를 믿게 되었고, 복음의 교훈에 깊은 감명을 받았다.

이 사건은 로마의 고관이 예수를 믿게 된 최초의 사건이었다. 이 사건으로 볼 때 선교는 영적 전쟁이다. 복음 전파를 방해하는 사탄의 세력을 제거하기 위해 영적 분별력과 권위를 가져야 한다. 바울은 마술사 바예수(엘루마)의 배후에서 역사하는 사탄의 궤계를 간파했다. 사탄 역시 로마의 고관이 예수를 믿게 되면 그 영향력이 얼마나 클지를 알기에 그의 추종자 바예수를 통해 복음 전파를 하지 못하도록 막으려 했다.

선교는 영적 전쟁이며, 선교 현장은 치열한 교전이 일어나는 곳이다. 따라서 모든 선교사는 말씀과 기도로 무장한 탁월한 전투원이어야 하고, 교회는 병참기지이면서 원거리 포병 지원부대로 기도라는 전폭적 지원을 아끼지 않아야 한다.

사도 바울과의 인터뷰 11
왜 21세기의 구브로 섬은 아라비아반도일까요?

내가 사도 바울에게 물었다.

"21세기의 마지막 복음 전도지는 어디일까요?"

그러자 바울은 싱긋이 웃으면서 말했다.

"글쎄…, 그 질문은 나에게 묻는 질문이 아닌 것 같은데? 사실 자네가 이미 답을 정해 놓고 나에게 묻는 거 아닌가? 그러니 내가 도리어 자네에게 물어보겠네. 자네 생각엔 지금 자네가 살고 있는 21세기의 구브로 섬은 어디라고 생각하는가?"

나는 기다렸다는 듯이 대답했다.

"제 생각엔 우리에게 주어진 선교지이자 21세기의 '구브로' 섬은 아라비아반도입니다. 거기엔 예수님을 알지 못하고 헛된 신을 섬기는 무슬림들이 무수하게 있으니까요. 그들의 영혼을 사랑하며 선교의 열정을 쏟아 붓는다면 머지않아 그 땅에도 그리스도의 계절이 오리라 믿습니다."

구약성경의 바빌로니아나 페르시아 왕들, 파라오 같은 큰 왕국의 대왕들 곁엔 늘 운명을 점치는 점쟁이들이나 마술사 같은 사람들이 존재했다. 그들은 천기를 읽어 운명을 점치는 일을 했다. 불안과 두려움에 사로잡혀 있는 존재의 전형이다. 사탄은 이들의 불안과 두려움을 매개로 삼아 복음을 듣지 못하게 막았다. 따라서 선교는 악한 영들에게 묶여 있는 결박부터 풀어야 하고, 그 일은 강한 기도로 가능하다. 결국 선교의 역사는 기도의 역사이다.

* 버가(Perga)

1. 위치

소아시아 남쪽에 위치한 아시아 중앙부에 있는 밤빌리아의 고대 도시로 해안에서 12km 내륙에 있다. 지금의 이름은 무르타나이다.

2. 관련 기사

① 바울은 바나바와 함께 전도여행을 할 때 이곳에 상륙하여 내륙의 비시디아 안디옥에 도착하였다(행 13:14). ② 귀로에 다시 이곳에 들러 전도하였고(행 14:25), 아데미 여신의 전각이 그 언덕 가까이에 있었다.

유대와 사마리아 지역을 넘어 세계 선교가 본격적으로 시작되면서 안디옥 교회가 파송한 두 선교사는 세계 역사의 흐름을 바꾸어 놓는 독보적인 사건을 만들었다. 바울의 1차 전도여행(13~14장)은 소아시아 지역으로 수리아의 안디옥을 출발해서 실루기아 해변 → 구브로 섬 → 동쪽 살라미 → 서쪽 바보로 이어지면서 구브로에서 복음 전파 사역을 마치고, 선교팀은 바보에서 배를 타고 지금의 터키 남쪽 해안에 위치한 버가라는 항구도시에 도착했다(행 13:13).

버가는 케스트루스(Cestrus, 현재 아쿠스 강) 강구에서 13km 들어간 내륙의 평원에 위치한 소아시아 남부 밤빌리아 도에 있는 고대 도시 중의 하나로, 현재 무르타나(Murtana)로 통칭된다. 이 성읍은 헬라시대 이전에 생겼고, 트로이 전쟁 이후에 번성했다.

바울은 1차 전도여행 시 왕복 2회에 걸쳐 이 땅을 통과하였다(행 13:13, 14:24~25). 이 성은 토착민의 텃세가 강하며, 토지의 질도 좋지 않았다. 바울과 바나바의 전도여행에 동행하던 마가 요한은 이런 상황이 너무 힘겨워 결국 이들과 결별한 후 예루살렘으로 귀환하고 말았다.

마가 요한이 떠난 데에는 몇 가지 원인이 있었다. 먼저 리더의 변경이 마가 요한에겐 적잖은 충격이었던 것으로 보인다. 출발할 때의 리더는 바나바였다. 늘 그의 이름이 바울보다 앞서 언급되었다. 그런데 바보에서의 사건 이후 바울의 이름이 먼저 언급되었다. 리더십에 변화가 생긴 것이다. 바나바와 사촌지간인 마가 요한의 입장에서는 섭섭했을 것이다. 또한 마가 요한은 바울의 리더십이 불편했을 수 있다. 바나바의 리더십은 일보다 사람을 중시하는 타입인 데 비해 바울은 사람보다 일을 더 중시하는 타입이었다. 마가 요한은 일 중심의 직진형 바울의 리더십에 잘 적응하지 못했을 가능성이 크다.

또 하나는 열악한 외부 환경이다. 선교팀의 여정이 힘겹기 짝이 없었다. 도보로 이동할 수밖에 없었던 당시 상황을 가늠해 보면 거의 지옥 여정이었다. 버가에서 비시디아 안디옥까지는 거리가 180여 km 정도인데, 특히나 타우루스의 험한 산길을 통해야 했다. 산길 자체도 험하려니와 거기엔 산적이 들끓어 지나는 이들의 재물과 생명을 빼앗는 일이 허다했다. 그런데 바로 그 길을 통과한다고 하니 마가 요한은 덜컥 겁이 났을 수도 있다.

이런 복합적인 이유로 마가 요한은 선교를 포기하고 말았다. 이것은 선교팀 내부에 동요를 일으킨 큰 사건이었다. 누군들 그 험하고 위험한 길을 선뜻 가고 싶겠는가? 바울은 이런 팀 내 분위기를 추스르느라 꽤 많이 힘들었던 것 같다. 그 때문에 2차 전도여행 때 마가 요한을 다시 데려가자는 바나바의 요청을 끝까지 거절한다.

마가 요한의 입장은 지극히 논리적이고 합리적이다. 우리가 사는 세상은 논리적이고 합리적인 판단을 해야 살아갈 수 있는 곳이다. 그런데 하나님의 일은 인간을 통해서 이뤄지긴 하지만 전적으로 하나님의 영이 함께하는 일이다. 하나님은 당신의 일을 하실 때 늘 사자를 앞서 보내고 자신의 일을 수행하는 사람들에게 성령을 덧입혀서 불가능한 일을 가능하도록 만드셨다. 즉, 마가는 선교가 곧 성령의 사역이라는 것을 전적으로 믿지 못했다고 볼 수 있다. 묘하게도 믿음의 시각을 놓치고 나면 늘 합리적이고 이성적으로 분명한 사유들이 생겨난다. 그러니 하나님의 일은 하나님의 방식으로 하는 것이지 사람의 방식으로 하면 안 된다.

* 비시디아 안디옥(Antioch of Pisidia)

1. 위치

비시디아 안디옥의 현재 지명은 얄바치(Yalvach)로 아나톨리아 고원지대에 위치해 있다. 성경에는 안디옥이라는 이름이 두 군데가 나오는데 하나는 수리아 안디옥이고, 또 다른 하나가 바로 비시디아 안디옥이다. 기원전 290년경 시리아의 셀레우코스가 자기 아버지 안티오쿠스의 이름을 따서 세운 도시다.

2. 관련 기사

비시디아 안디옥은 바울이 1차 전도 때에 들렀던 곳으로(2, 3차 전도여행 때에도 들름) 바울 일행은 바보에서 배를 타고 밤빌리아에 있는 버가에 도착하는데, 그곳에서 마가라 하는 요한은 예루살렘으로 돌아가고 바울과 바나바 둘만 이곳으로 와서 유대인의 회당에서 복음을 전하였다(행 13장).

바울은 이곳에서 처음으로 예수 그리스도를 믿음으로 의롭게 된다는 설교를 했다. 설교의 서론은 구약 역사와 유대인들이 기다리던 구세주가 예수님이라는 것이었다(행 13:17~22), 본론은 예수의 죽음과 부활에 대한 설명(행 13:23~37), 그리고 결론은 믿음으로 죄 용서와 의롭다 함을 선언하는 것이다(행 13:38~41).

비시디아 인디옥에서 바울의 설교를 듣고 "그다음 안식일에는 온 시민이 거의 다 하나님의 말씀을 듣고자 하여 모이니"(행 13:44)라고 기록된 것으로 보아 많은 이들이 바울의 설교를 들으러 왔음을 알 수 있다. 유대인들은 이를 못마땅하게 여겨 "유대인들이 경건한 귀부인들과 그 시내 유력자들을 선동하여 바울과 바나바를 박해하게 하여 그 지역에서 쫓아내니"(행 13:50), "두 사람이 그들을 향하여 발의 티끌을 떨어 버리고 이고니온으로 가거늘"(행 13:51)에서 보듯 바울과 바나바는 비시디아 안디옥을 떠나 이고니온으로 이동했다. 바울은 비시디아 안디옥에서 이방인 선교에 헌신하기로 결심했고, 이 지역에서 복음을 받은 자들을 위해 기록한 편지가 바로 갈라디아서다.

325년에 유대인 회당이 있던 곳에 바실리카 양식으로 바울 기념 교회를 세웠다. 바울 당시 세운 교회가 아니라 바울을 기념해서 후에 세워진 교회로, 지금은 무너져 그 윤곽과 돌들만 남아 있다.

사도행전 13장 13~52절에 등장하는 비시디아 안디옥(Pisidian Antioch) 교회는 남부 갈라디아 지방에서의 첫 번째 사역지이다.

바울 일행이 버가에서 비시디아 안디옥으로 넘어가려고 할 때 마가 요한이 그 일행을 떠나 예루살렘으로 돌아간다. 나머지 바울 일행이 거의 200km 거리에 있는 비시디아 안디옥에 가려면 평균 해발 1,100m, 최고봉은 해발 3,300m인 타우루스 산과 그 인근 산맥을 통과해야 했다. 이곳은 산에서 사는 강도들이 많이 출몰하는 곳이었다. 설상가상으로 갈라디아서 4장 13절에 의하면 이때 바울 일행은 큰 병에 걸렸다고 한다. 학자들은 그 병이 아마도 풍토병인 말라리아였을 것이라고 한다. 바울은 다른 곳에서 핍박을 받을 때보다 이때의 여정이 더 힘들고 더 큰 위기였다고 그의 서신을 통해 말하고 있다.

특히 마가 요한이 일행을 떠나 예루살렘 고향으로 돌아간 것이 현실적이고 합리적인 이유에서였음을 누구보다 잘 알기에 무척이나 힘겨웠을 것이다. 바울도 마가 요한과 같은 마음이 들지 않았다고 누가 보장하겠는가? 그러나 바울은 그의 삶을 전제로 드렸기에 끝까지 용기를 낼 수 있었다.

선교사역이든 교회사역이든 합리적이고 현실적인 이유 때문에 무엇을 제대로 시도하지 못한다면 성령의 역사를 제한하는 일이 된다. 하나님께서는 인간이 생각하는 것보다 훨씬 더 크고 위대하시다. 하나님께서 하라고 하시는 일이라면 반드시 큰 역사가 일어날 것이다. 그래서 다소 무모하게 보이는 일이라도 시도하는 것이 중요하다. 한국 속담에 "구더기 무섭다고 장 못 담그랴?"라는 말이 있다. 장 담그는 과정에서 구더기가 생기는 것처럼 말도 안 되는 일, 당황스러운 일, 황당하기 그지없는 일이 생길 수도 있다. 설령 그런 일이 생기더라도 장은 담가야 한다. 그런 위험 때문에 장 자체를 담그지 않으면 먹을 장이 없다. 구더기가 생기면 버리고 새로 하더라도, 아니면 일부를 버리고 새로 보충하더라도 장은 담가야 한다. 그럴 때 하나님은 더 크게 역사하신다. 인간에게 불가능한 시점이 하나님께는 가능한 시점이고, 인간의 힘으로는 불가능한 시점에 하나님이 일하신다.

하나님께서는 역설의 하나님이시다. 그래서 나는 CCM 중 〈약할 때 강함 되시네〉를 부를 때면 늘 가슴이 뭉클해진다.

안식일이 되자 바울 일행은 그들의 전례대로 유대인 회당에서 설교를 했다. 이때 유대인 청중들의 긍정적인 반응을 얻었다. 그 여파로 다음 안식일에는 그 성의 수많은 사람들까지 회당에 모였다(44절). "사촌이 땅을 사면 배가 아프다"는 한국 속담은 유대인들에게도 예외가 아닌 모양이다. 그런 모습을 본 일부 유대인들은 시기가 가득하여 바울의 전도 내용을 비방하고 배척하였다. 이런 유대인들의 완악함 때문에 복음의 물줄기가 유대인을 벗어나 이방인에게로 향하게 되었고, 바울과 바나바는 메시아가 이방의 빛이 되리라고 한 이사야 49장 6절의 예언을 풀어 설명한다(행 13:46~47). 마치 올림픽에서 유도 한판승을 보는 것과 같다. 시기가 가득한 유대인의 공격을 역이용하며 보기 좋게 한판승을 얻어낸 것이다.

여기서 눈여겨볼 것은 이제껏 바나바와 바울 이름 순(順)으로 언급되던 것이(행 11:30, 13:2) 여기에서부터 "바울과 및 동행하는 사람들"(13절) 혹은 "바울과 바나바"(46절)의 순으로 더욱 자주 언급되기 시작했다는 것이다. 이는 전도여행 중 자연스럽게 바울이 선교팀의 주도자로 부각되었음을 시사해 준다. 그런데 바나바는 그 일에 대해 시기하거나 억울해하지 않았을 것으로 보인다. 왜냐하면 바나바는 이름 그대로 '위로의 아들'이란 뜻이며, 사도 바울을 앞세우고 자신은 뒤로 빠지는 참모의 역할을 더 잘 수행했기 때문이다.

누가는 사도행전에서 바나바의 인품에 대해서 이렇게 묘사하고 있다.

> "바나바는 착한 사람이요 성령과 믿음이 충만한 사람이라 이에 큰 무리가 주께 더하여지더라" 행 11:24

그래서 교회는 바나바와 같은 사역자라면 바울 같은 장로와 협업을 해야 하고, 바울 같은 사역자라면 바나바와 같은 장로가 있어 조화를 이뤄야 한다.

사도 바울과의 인터뷰 12

왜 사역자가 때론 화를 내도 될까요?

내가 사도 바울에게 웃으면서 물었다.

"바울 님! 성질이 꽤나 있으신 것 같던데요? 화가 날 땐 무서운 사람이기도 하겠구요. 어때요, 제 말 맞죠?"

"무엇을 근거로 그렇게 말하는가?"

"비시디아 안디옥에서 이고니온으로 떠날 때 성질 왕창 내셨죠?"

"허허, 참! 그걸 어떻게 알고 있는가?"

내가 이렇게 물었던 것은 비시디아 안디옥에서 이고니온으로 떠날 때의 기록을 읽어서 알고 있는 까닭이었다. 비시디아 안디옥에서는 회당에서 안식일 강론을 했고, 사람들의 관심을 받았으며, 주의 말씀이 그 지방에 두루 퍼지는 역사가 있었다. 그런데 유대인들이 경건한 귀부인과 그 시내 유력자를 선동하여 바울과 바나바를 박해하고 그 지역에서 쫓아내었다. 그때 두 사람은 그들을 향하여 발의 티끌을 떨어 버린 후에 이고니온으로 출발했다.

"발의 티끌을 떠는 건 저주를 의미하는 것 아닌가요?"

"그렇지. 저주이자 하나님의 심판을 예표하는 행위이지."

"왜 그렇게까지 하셨어요? 동족 유대인들인데 말이죠."

"자네에게 내가 되물어 보겠네. 똑같은 잘못을 한 사람이 있다고 하세. 그런데 한 사람은 모르고 그 잘못을 저질렀고, 한 사람은 알면서도 그 잘못을 저질렀어. 그러면 누구의 죄가 더 큰가?"

"당연히…알면서 한 사람이죠."

"바로 그거야! 유대인은 알면서도 믿지 않고 배척하였으니까 그렇지. 물론 그 완악함 덕분에 이방인인 자네 같은 사람이 혜택을 입긴 했지만 말이야."

"어딜 가나 유대인들이 더 큰 방해꾼이더군요. 오히려 이방인들은 더 호의적인데 말이죠."

"전도여행을 하는 동안 수많은 유대인들에게 핍박을 받았지. 정말 야훼께서 이 백성을 향해서 표현하시는 말이 이해가 돼. 모세가 남긴 신명기에 보면 '여호와께서 또 내게 말씀하여 이르시되 내가 이 백성을 보았노라 보라 이는 목이 곧은 백성이니라'(신 9:13)라는 표현이 나오지. 출애굽 이후 광야에서 이 백성이 한 행위들을 보면 참 목이 곧은 백성이란 말이 맞아. 목이 곧은 백성만큼 힘든 대상이 없어. 복음을 전해도 듣지도 않고 곡해하고 도리어 대적이 되기 때문에 가장 힘들다네."

"교회사역에서도 그렇답니다. 어떻게 보면 목회자의 마음을 가장 아프게 하는 사람들은 불신자가 아니라 이미 교회 안에서 오래된 사람들, 너무 익숙해진 사람들, 그러면서도 듣지 않는 사람들이에요. 그들 때문에 더 힘들지요. 발의 티끌을 떨어 버린 이유를 알 것 같아요."

사도 바울의 말을 듣고 나니 내내 〈주의 말씀 듣고서〉(찬송가 204장)라는 찬송이 귓가에 맴돌았다.

1. 주의 말씀 듣고서 준행하는 자는 반석 위에 터 닦고 집을 지음 같아
   비가 오고 물 나며 바람 부딪쳐도 반석 위에 세운 집 무너지지 않네
2. 주의 말씀 듣고도 행치 않는 자는 모래 위에 터 닦고 집을 지음 같아
   비가 오고 물 나며 바람 부딪칠 때 모래 위에 세운 집 크게 무너지네
3. 세상 모든 사람들 집을 짓는 자니 반석 위가 아니면 모래 위에 짓네
   우리 구주 오셔서 지은 상을 줄 때 세운 공로 따라서 영영 상벌 주리
   (후렴) 잘 짓고 잘 짓세 우리 집 잘 짓세 만세반석 위에다 우리 집 잘 짓세

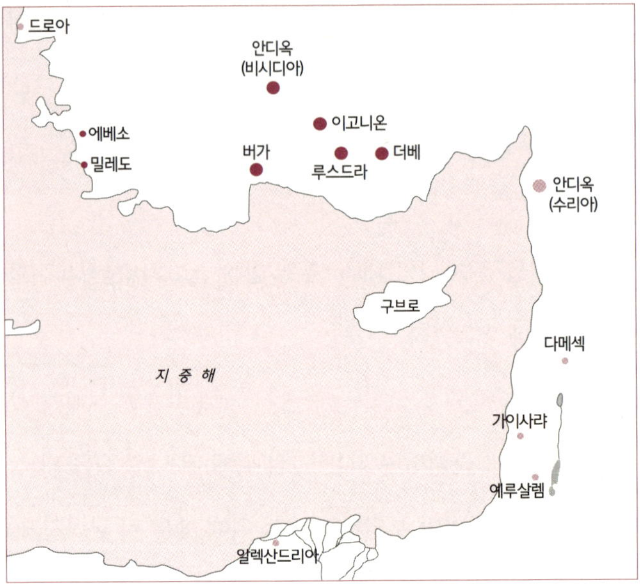

* 이고니온(Iconium): 양의 가슴

사도행전 14장 1~7절을 보면 바울과 바나바는 비시디아 안디옥에서처럼 이고니온 유대인 회당에서 복음을 전했다. 이고니온은 비시디아 남동쪽 120km 지점, 갈라디아 지방의 중심부에 위치한 도시이다. 이고니온에서의 전도 역시 유대인과 헬라인 등 허다한 무리가 믿는 결실을 얻었다(1절). 그러나 믿지 않는 유대인들이 두 사도를 돌로 치려는 음모를 꾸미자 바울 일행은 루스드라(Lystra)와 더베(Derbe)로 옮겨 전도하게 된다.

* 루스드라(Lystra): 양의 무리

1. 위치와 개요

로마의 속주 갈라디아 남부 루가오니아의 성읍으로 더베와 이고니온 중간 지점에 있다. 라틴어로 새긴 제단과 주화 등이 발굴되어 고고학적으로 당시의 번영을 증거한다.

2. 관련 기사

① 사도 바울이 1차 전도여행 때 교회를 세운 곳(행 14:6~20) ② 사도 바울이 앉은뱅이를 고쳐 준 곳(행 14:8-10) ③ 그곳 주민들은 신이 내려왔다고 생각하여 바울은 헤르메스, 바나바는 제우스라 하여 제사를 드리려 했다(행 14:11~18). ④ 이들에게 루가오니아 방언이 있었다(행 14:11). ⑤ 바울의 2차 전도여행 때 방문한 곳(행 16:1) ⑥ 바울이 디모데에게 할례를 행하였다(행 16:2~3). ⑦ 바울의 3차 전도여행 때의 경유지(행 18:23) ⑧ 바울

이 돌에 맞아 거의 죽은 상태에까지 이르렀다(행 14:19; 딤후 3:11).

사도행전 14장 8~18절에 기록된 루스드라는 소아시아 루가오니아의 중부 지방에 위치한 성으로, 이고니온에서 약 38km 남쪽에 있으며, 소수의 로마 군대가 정복지 관리를 위해 주둔하던 곳이었다. 주로 농사와 목축을 하고 있는 전원풍의 도시로서 몇몇 유대인들이 살고 있었으나 회당은 없었다. 당시의 디아스포라 유대인들은 자신들이 사는 거주지에 유대인 열 명이 모이면 반드시 회당 하나를 건립하는 것이 불문율이었다. 이렇게 본다면 루스드라 지역의 유대인은 열 명 이내였다. 그런데 바로 이곳에 바울에게는 아들과 같은 존재였던 디모데와 그의 어머니 유니게가 살고 있었다(행 16:1). 바울은 이들 가족과 깊은 유대가 있었다는 것을 보여주며, 영적 아들 디모데에게 보내는 편지의 서두에서 이 가족을 이렇게 묘사하고 있다.

"나는 네 안에 있는 거짓 없는 믿음을 기억한다. 그것은 먼저 네 외할머니 로이스와 어머니 유니게 안에 있던 것으로 지금 네 안에도 있는 줄을 내가 확신한다." 딤후 1:5, 우리말성경

실제로 바나바와 바울 일행은 이들로부터 루스드라 전도여행에 많은 도움을 받았다. 바울은 어디를 가든 유대인의 회당을 이용했기 때문에 회당이 없는 루스드라에선 적응할 수가 없었다. 이것으로 루스드라 주민들이 가진 신관을 추측할 수 있다. 적어도 유대인의 회당이 존재했던 곳에서는 이방인들도 유일신을 알고 있었다. 유대인들이 유일신을 섬겼기 때문이다. 그 까닭에 유일신에 대한 어느 정도의 개념이 있던 이방인들에게 복음을 전하면 그들은 다른 지역 이방인보다 개방적인 태도를 보였다. 하지만 회당이 없었던 루스드라 지역의 주민들은 유일신에 대한 이해가 전무했기에 유일신과 하나님의 계시를 설명해도 신관(神觀)이 부족하며 신앙적 무지를 드러낼 수밖에 없었다.

이와 같은 상황에서 나면서부터 발을 쓰지 못하는 앉은뱅이를 바울이 고친 사건은 그들에게 엄청난 충격이었다. 이 이야기는 베드로와 요한이 성전 미문에 앉아 있는 앉은뱅이를 고친 사건(행 3:2~10)과 유사하다. 앉은뱅이를 고친 베드로처럼 사도 바울 역시 동등한 사도권(使徒權)이 있다는 의미이다. 그러므로 유대인의 사도로 부르신 베드로와 이방인의 사도로 부르신 바울은 하나님의 크신 섭리였음을 말하고 있다.

그런데 놀랍게도 앉은뱅이 치유를 목격한 루스드라인들은 바나바와 바울을 쓰스와 허메의 현신이라며 그들을 신으로 숭배하려고 하였다. 그 지역은 다신교의 전통을 따라 주신(主神)인 쓰스 곧 제우스(Zeus)와 그 전령신인 허메 곧 헤르메스(Hermes)를 섬기고 있었던 것이다. 그러자 여기서도 바울과 바나바는 유도처럼 한판승을 이끌어 낸다. 자신들이 온 목적이 바로 이런 기적을 행하시는 유일신이자 참 신을 소개하려는 것이요, 우상숭배를 배격하라는 것이었음을 피력하고 있다. 참 신이란 사람의 손이나 생각으로 만든 신이 아니라, 온 세상을 창조하시고 지금도 여전히 인간의 생사화복을 주관하시는 하나님뿐임을 증거하였다.

사도행전을 읽다 보면 복음이 전파되는 과정에서 기적과 복음의 결실도 보지만 정말 악랄하기 그지없는 훼방꾼들의 모습도 함께 본다. 루스드라에서 기적을 통한 역사의 소문이 퍼져나가자 훼방꾼들이 쫓아왔다. 안디옥과 이고니온에서부터 온 이들이었다. 루스드라까지 오는 여정이 만만치 않음에도 불구하고 사도 바울을 죽이고 복음 전파를 막으려는 열망이 불러온 열심이었다. 이들의 모습은 그리스도인들을 잡아 죽이기 위해 다메섹으로 가던, 혈기왕성한 청년 사울을 생각하게 만든다. 유대인이 열 명도 채 안 되는 루스드라에서는 유대인 공동체의 법을 이행할 수 없었는데 멀리서 떼거리가 오니 상황이 달라졌다. 당시 유대인들에게는 투석재판법이라는 것이 있었는데, 두세 사람의 증인이 있을 때 회중은 그 죄인을 돌로 쳐서 죽일 수 있었다. 하나님을 모독했거나, 부모를 거역했거나, 현장에서 간음했거나 하는 경우였다. 스데반이 순교할 때 그를 정죄했던 죄목이 바로 신성모독죄였다. 특히 스데반의 설교를 듣던 유대인들이 현장에서 돌을 들어서 던졌다는 것은 자제력을 상실할 정도로 큰 찔림을 받았던 까닭이다.

이들이 와서 말한 사도 바울의 죄목 또한 신성모독죄였을 것이다. 그렇게 선동을 해서 바울을 돌로 치는 사건이 발생하였다. 유대인들은 바울이 죽은 것으로 여기고 성 밖으로 끌어내 버렸다. 아마도 고린도후서 11장 25절에서 '한 번 돌로 맞았다'고 언급한 것은 이

때의 사건을 가리키는 듯하다. 또한 갈라디아 남부 지역 성도들에게 보내는 서신서인 갈라디아서 6장 17절에 언급된 '예수의 흔적'(the marks of Jesus)이란 이때 입은 상처의 흔적을 가리키는 것으로 보인다. 어쨌든 바울은 이 사건으로 실제로 죽음 직전의 지경에까지 이르렀다.

그러나 바울은 기적적으로 소생하였으며, 불굴의 믿음으로 더베로 가서 복음을 전하였다. 사명이 있는 한 절대로 죽지 않는다. 사도 바울이든 누구든, 하나님께로부터 받은 사명이 있는 한 절대로 죽지 않는다. 그러니 기죽을 필요도 없고, 당당하지 않을 이유도 없다.

사도 바울과의 인터뷰 13

왜 무당이 예수를 믿으면 제대로 믿을까요?

내가 사도 바울에게 웃으면서 말했다.

"무대 위의 주인공처럼 스포트라이트를 받아 본 느낌이 어떻던가요? 어쩌다 바울 님은 헤르메스가 되고, 바나바는 제우스가 되셨답니까? 하하하!"

"그러게 말일세. 기적이 일어나는 장면을 보고 우리가 신들의 세계에서 온 사람인 걸로 착각한 것이지. 그래도 그렇게 종교성이 많은 사람들에게 복음 전하는 건 차라리 낫다네. 기본 개념이 있으니 복음의 핵심을 정확히 전달해 주면 제대로 믿을 가능성이 높지."

"그럼, 한국에 복음이 전파된 이후 그렇게 많은 교회가 설립되고 믿는 자가 늘어난 것도 그런 종교성의 영향이 있을까요?"

"완전히 배제할 순 없을 거야. 한국 사람들은 기본적으로 하늘의 신 '옥황상제'나 바다의 신 '용왕' 같은 신을 비롯해서 온갖 자연에 다 신이 있다고 믿는 종교성이 아주 강하니까. 그래서 천지의 창조주이신 하나님을 소개받고는 그 바탕 위에 복음을 받아들인 것이고. 또 역사를 짚어봐도 한국 사람들과 유대인들은 공통점이 아주 많지 않은가? 다 고난을 받으면서 끝까지 살아남은 민족인 데다 근성이 있어서 어딜 가서도 살아남는 사람들 아닌가?"

"맞습니다. 신을 섬겼던 사람들이 제대로 된 신을 만나면 더 잘 섬깁니다. 제가 속한 순복음 교단에서는 귀신 들린 사람이 회복되고 각종 불치병에 걸렸던 사람이 성령 체험을 통해 회복되는 사례, 무당처럼 다른 신을 평생 모시고 살았던 사람들이 회개하고 돌아오는 경우들이 있습니다. 그런 사람들일수록 더 열심히 주를 섬기는 것을 보면 하나님의 역사는 참 신비롭습니다."

나는 사도 바울의 말을 들으면서 유대인과 한국인의 특성을 비교해 보았다. 온 세계가 유대인을 거부할 때 미국은 유대인의 이민을 받아 주었다고 한다. 유대인들은 민족끼리의 응집력이 강하고 부지런해서 새벽같이 나와서 밤늦게까지 일을 했다. 미국인들은 그런 유대인들의 부지런한 삶의 방식에 감탄을 보냈다고 한다. 새벽에 나와서 밤늦게까지 가게 문을 열고 장사를 하겠다는 생각은 웬만한 미국인들은 하지 않는다고 했다. 그런데 그런 유대인들을 경악하게 만든 사람들이 등장했는데 그들은 바로 한국인들이었다. 유대인들이 새벽에 나와서 밤늦게 문 닫는 방식으로 사업을 운영할 때, 한국인들은 24시간 오픈하는 방식을 택했다. 독한 정도로 말하면 한국인이 한 수 위였던 것이다.

* 더베(Derbe): 소나무의 일종

1. 위치

소아시아 중부 루가오니아의 성읍

2. 관련 기사

① 바울이 1차 전도여행 때 방문한 곳(행 14:6, 20) ② 바울이 2차 여행 때 방문했다(행 16:1). ③ 바울이 3차 여행 시 방문했다(행 20:4).

더베는 바울이 세 번 방문한 곳으로 유명하다. 바울은 첫 번째 여행 중 더베에서 많은 제자들을 얻었다(행 14:6, 20). 두 번째 여행 중에는 길리기아에서 루스드라로 가면서 더베를 경유하였다(행 16:1). 더베 출신의 제자들 가운데 가이오라는 사람이 있었는데 이 사람은 바울이 고린도로부터 마게도냐와 아시아로 여행할 때 동반하였다(행 20:4).

소아시아 지역의 더베는 헬레니즘의 영향으로 다소 헬라화되어 있었다. 주전 1세기에 이 도시는 루스드라와 라란다를 포함한 작은 나라를 다스렸던 안티파텔의 거주지로 명성을 얻었다. 안티파텔은 갈라디아의 왕 아윈타스에게 패하여 자신의 영토에서 쫓겨났고, 주전 25년 아윈타스가 죽은 후 더베의 정치적 지배권은 여러 차례 바뀌었다.

처음에는 로마의 소주인 갈라디아 주에 속하였다. 주후 1세기에는 콤마게네의 안티오쿠스 4세가 다스리는 길리기아 왕국에 속하였다. 안티오쿠스 4세는 이 도시에 로마 황제 클라우디스를 기념하기 위하여 별칭을 붙여 주었던 것 같다.

2세기의 동전들을 살펴보면 이 도시의 이름은 Derbe 또는 Claudioderbe로 나타난다. '더베'는 소아시아 루가오니아 동남단에 위치한 성읍인데(행 14:20), 사도 바울이 더베에 간 것은 루스드라에서 유대인들에게 돌로 맞은 후의 일이다. 2차, 3차 전도여행 때에도 들를 정도로 바울은 이 지역에 애정을 가졌다. 더베에 관해 좀 더 구체적으로 살펴보자.

첫째, 더베는 하나님의 계획 속에 포함되었던 지역이다.

바울의 일거수일투족은 모두가 하나님의 계획에 따른 것이었다.

그가 비두니아를 포기하고 마게도냐로 갈 수밖에 없었던 사실이 이를 잘 입증한다. 그는 자신의 시간표에 따라서 활동하고 사역한 것이 아니라 하나님의 시간표를 좇았다. 우리가 주의 자녀가 된 것이나 그분의 일을 하게 된 것 역시 마찬가지다. 혹자는 자의로 예수를 알고 믿기로 결심하였다고 말할지도 모르나 그 배후에는 하나님의 예정과 섭리가 있다. '우연'이나 '저절로' 혹은 '마음먹은 대로' 등의 표현은 그리스도인들에게 적절하지 않다. 모든 일이 주의 뜻 안에서 진행되고 이루어진다.

둘째, 더베는 복음이 일찍 전파된 특별한 곳이다.

여러 국가들이 모여 있는 팔레스타인에 복음이 전파되었다는 사실은 엄청난 축복이다. 그들은 특별한 기회를 부여받은 셈이다. 성도들은 자신이 먼저 그리스도를 알고 믿게 되었다는 사실에 항상 감사해야 한다. 주의 은혜가 아니었다면 우리 중 상당수, 아니 전부가 지금도 죄의 사슬에 매인 채 살아야 했을 것이다. 그러기에 우리 또한 더베처럼 특별한 은총을 입은 사람들이다.

우리는 더베처럼 특별한 은총을 입고자 하는 종족이 많다는 사실을 기억해야 한다. 그들은 지금도 주님을 모르고 우상을 섬기며 멸망으로 달려가고 있다.

주께서 주신 기회를 충분히 활용하지 못하고 실패하는 이들은 자신이 은총을 입었다는 사실을 알지 못하거나 일부러 잊으려고 한다. 은혜를 아는 사람이라야 자신에게 주어진 기회를 충분히 활용하여 주께서 주신 복을 잃지 않는다.

셋째, 더베는 사도 바울이 늘 관심과 애정을 가졌던 곳이다.

더베는 바울이 전도여행을 할 때마다 방문했던 곳이고, 예루살렘 동행길의 가이오가 이곳 출신이다. 아무튼 바울이 이 지역에 각별한 관심을 보인 것은 분명하다. 지도자가 관심을 보인다는 것은 좋은 일이다.

성도가 건강한 영적 상태를 유지하고 하나님이 주시는 복을 받아 누리게 하려면 목사가 관심과 애정을 가져야 한다. 목회자가 관심을 가진다는 것은 그의 전폭적인 후원을 받는 것과 똑같다. 목사도 사람인지라 관심이 가는 사람을 위해서 기도하게 되는 것이 인지상정이다. 우리는 이 점을 중시하고 목회자와 좋은 관계를 유지하도록 힘써야 한다. 주의 일에 무관심하고 목회자의 가르침에 무반응하는 사람에게는 좋은 기회가 주어지지 않는다는 사실도 유념해야 한다. 기회란 누구에게나 주어지지만 아무에게나 주어지는 것은 아니다.

더베 전도여행을 마치고 다시 안디옥 교회로 귀환하는 길에 바울 일행은 루스드라 → 이고니온 → 비시디아 안디옥 등 전도 지역을 역순으로 방문했다. 이는 피드백을 위한 작업이다. 농부가 씨앗을 뿌렸다면 싹이 제대로 났는지, 짐승이 해코지하지는 않았는지, 물이 부족해서 말라 죽진 않았는지 살펴보고 보완할 부분을 채워야 한다. 바울 역시 각 지역을 재방문하여 장로들을 세우는 등 각 교회를 굳게 세우는 사역을 수행한다. 바울은 마지막으로 버가(Perga)에서 전도한 후 앗달리아(Attalia)를 거쳐 수리아 안디옥으로 귀환함으로써 1차 전도여행을 종결했다.

4.
1차 전도여행의 의의

첫째, 이방인 선교(Mission for the Gentiles)가 본격적으로 시작되었다.

둘째, 사도행전 1장 8절에 나타난 주님의 선교 지상 명령을 감당하는 중심 축(軸)이 예루살렘 교회에서 안디옥 교회로 이동되었다. 물론 안디옥 교회가 파송한 바울과 바나바의 전도여행이 이방인 선교의 첫 시도는 아니었다. 이미 베드로가 가이사랴의 백부장 고넬료의 집에서 복음을 전했을 때 그 온 집이 집단으로 회심한 일이 있었으며(행 10:34~48), 예루살렘 교회는 이를 계기로 이방 선교를 공식적으로 인정하기에 이르렀다. 또 안디옥 교회 자체가 이방 땅에 이방인을 주축으로 하여 세워진 교회였으며, 예루살렘 교회는 안디옥 교회에 바나바를 파송하여 목회하게 하는 등 이방인 선교에 관심이 있었다.

그러나 예루살렘 교회가 본격적으로 이방인 선교를 추진하기에는 많은 제약과 한계가 따랐다. 예루살렘 교회 내에는 여전히 할례나 율법 준수 등을 고집하는 유대주의적 성향이 강하게 남아 있었다(행 15:1, 5, 21:20~24). 이러한 성향은 예루살렘 교회로 하여금 이방인 선교에 본격적으로 나서지 못하게 하는 내부적 한계로 작용하였다. 그리하여 예루살렘은 초대교회가 태동하여 출발한 본산지로서 일정 기간 지도자 역할을 감당한 곳이지만, 주의 복음을 땅 끝까지 전파하는 세계 선교 사명의 바통을 수리아의 안디옥으로 넘겨주었다. 지상에 존재했던 조직 교회로서의 예루살렘 교회는 예루살렘 시(市)와 그 운명을 같이하여 주후 70년 로마 군대에 의해 예루살렘이 함락될 때 자취를 감추었다.

그렇다고 해서 예루살렘 교회가 세계 선교 사명을 수행하지 않았기에 사라지게 되었다고 결론을 내릴 수는 없다. 그럴 수도 있고 아닐 수도 있기 때문이다. 그러나 한 가지, 교회사(教會史)를 통해 볼 때 세계 교회의 중심축은 언제나 세계 선교 사명을 수행하는 나라의 교회로 옮겨졌다는 것을 확인할 수 있다. 이방인 선교를 본격적으로 수행한 안디옥 교회가 초대교회의 중심축으로 부상한 것이 그 증거다.

두 바퀴로 굴러가는 자전거는 멈춰 서는 순간 넘어진다. 자전거가 자전거로서 가장 좋을 때는 달릴 때이다. 지속적으로 페달을 밟고 핸들을 조정해 주어야 한다. 마찬가지로 교회가 십자가와 부활의 증인으로서의 사명을 소홀히 하고 관심과 역량을 내부에만 집중시키려 할 때 그 교회는 멈추고 넘어진다. 교회는 주님의 선교 지상 명령이라는 페달을 끊임없이 밟아야 한다. 급속한 성장을 해오다가 언제부터인가 그 성장을 멈추어 버린 한국 교회가 깊이 성찰해 볼 문제다.

사도 바울과의 인터뷰 14

왜 하나님은 그분의 사자를 앞서 보내실까요?

내가 사도 바울에게 물었다.

"1차 전도여행을 마친 소감이 어떻습니까?"

그러자 바울은 고개를 끄덕이며 말했다.

"전도여행을 하면서 느낀 것은 그 모든 준비를 하나님께서 이미 다 해 놓으셨다는 것이었네. 하나님께서는 예비 작업을 다 하신 게지. 어디를 가든 헬라어를 사용할 수 있었던 것은 큰 행운이었어. 알렉산더 대왕을 통해서 인근 모든 지역의 언어가 헬라어로 통할 수 있게 해놓으신 것이지."

그는 잠시 말을 멈추었다가 계속 이어나갔다.

"그뿐이 아니야. 어디를 가나 유대인들이 있어서 구심점이 되어 주었어. 디아스포라들이었지. 그리고 또 내가 가는 곳마다 많은 사람들이 사역을 함께 해주었다네. 안디옥에 머물고 있는 동안에도 나는 바나바와 함께 주의 말씀을 가르치며 전파했어. 내가 하는 일이 제대로 된 복음을 전파하고 가르치며 바로 서게 하는 일이었으니까."

사도 바울 당시에도 유대인들은 디아스포라가 많았다. 그들은 외적으로는 뿔뿔이 흩어져 있었지만 가는 곳마다 먼저 회당을 짓고 안식일을 지킴으로써 자신들의 신앙과 정체성을 지켜 나갔다. 구브로 섬에도 흩어진 유대인들이 와서 살았고 그들의 회당이 있었다. 사도 바울은 그곳에서 토라와 탈무드에 관한 폭넓은 학식과 언변으로 예수가 그리스도이심을 확실히 증거했고, 이로 인해 복음이 편만해졌다. 사도 바울의 전도여행 동안 가장 그를 힘들게 했던 사람들도 유대인들이었지만, 반대로 그리스도인 유대인들은 가장 그를 힘 있게 도왔던 사람들이기도 했다. 나중에 디아스포라가 대대적으로 확산된 것은 주후 70년 로마의 티투스 장군에 의한 유대의 멸망으로 인해서였다.

"모이면 예배하고 흩어지면 전도하자." 이 모토는 현대 교회에서도 사용하는 것이지만 초대교회의 전형적인 모토이기도 했다. 다른 게 있다면 '예배하고'와 '전도하자' 앞에 '목숨 걸고'라는 수식어가 붙는가 아닌가의 차이이다. 하나님께서는 초대교회 교인들을 온 사방으로 흩어지게 하셨다. 온 세상에 복음을 전파하라는 그분의 큰 그림이었다.

선교 정책 중에는 당대에 파송된 선교사가 결실을 거두게 하기보다는 파송된 나라에서 태어나고 자란 선교사 2세를 훈련시키는 방안과 그 나라 현지인들을 훈련시켜 사역자로 만드는 방식이 훨씬 더 큰 열매를 거둔다고 알려져 있다. 사도 바울은 이렇게 지혜로운 방법을 사용한 선교사의 모델이었다.

2021년 현재, 전 세계에 흩어져 있는 한국인은 약 700~800만 명 정도이다. 전 세계 어느 나라를 가더라도 한국인이 없는 곳이 없게 되었다. 초대교회인 예루살렘 교회에 핍박이 일어남으로 유대인들이 흩어진 것, 그 이전부터 디아스포라 유대인이 되게 하신 것은 복음을 전파하기 위한 전초 작업이었다. 21세기에 이르러 디아스포라 한국인들이 복음을 전한다면 땅 끝까지 복음을 전파하라는 주님의 지상명령은 더 빨리 실현될 것이다.

Ⅲ

사도 바울의 2차 전도여행

예루살렘 총회의 인정을 받은 사도 바울은 안디옥으로 돌아와서 복음사역에 심혈을 기울였다. 그러나 사도 바울은 자신의 사역을 안디옥에만 국한시켜 진행할 수는 없었다. 제1차 전도여행 지역의 교회에 지속적으로 관심을 두고 복음의 진척과 진행 상황을 알기 위해서라도 재방문의 필요성이 절실했다. 이것은 인사 차원의 방문이 아니라 그들의 영적 상태를 점검하고 더욱더 확고한 신앙을 뿌리내리게 하려는 피드백의 목적이 있었기 때문이다.

2차 전도여행은 바울이 바나바에게 먼저 건의하여 이루어졌으며, 2차 전도여행의 목적은 1차 전도여행을 하면서 세운 교회와 성도들이 어떤지 돌아보는 것이었다.

사도행전 15장 36~41절을 보면 바나바는 마가 요한을 다시 데리고 가고자 했으나 바울이 이를 거절해서 둘은 심히 다투고 헤어진다. 이후 바나바는 마가 요한과 함께 전과 같이 구브로 섬으로 배편으로 떠났고, 바울은 실라와 함께 육로로 떠났다. 비록 서로 의견이 달라 다툼이 생겼으나 결과적으로는 선교팀이 둘이 되는 유익을 가져왔다. 그리하여 바울은 2차 전도여행을 시작했고, 그의 선교는 유럽까지 확장되었다.

바울의 2차 전도여행은 시기적으로 주후 49~52년으로 약 3년간에 걸쳐 이루어졌다. 그리고 여행 거리는 대략 4,500~5,600km로, 1차 전도여행에 비해 두 배 이상이 될 정도로 길었다. 따라서 이 기간 동안 바울이 사역한 지역도 광범위하다. 또한 본 여행 기간 동안에 있었던 사역 및 여정에 대한 보도 내용 역시 세 차례의 전도여행에 대한 내용 중 가장 많아 네 장에 걸쳐 기록되어 있다.

사도 바울과의 인터뷰 15

왜 일과 사람 중에 사람을 택해야 할까요?

내가 사도 바울에게 말했다.

"2차 전도여행은 시작부터 삐걱거렸네요?"

"그러긴 했지. 결국 바나바는 마가 요한을 데리고 구브로로 갔고, 나는 실라를 데리고 2차 전도여행을 떠났으니까."

"그 일에 대해선 어떻게 생각하세요?"

"결과적으론 좋은 일 아니겠는가? 다툼 때문에 전도팀이 두 개로 나뉘었다면 복음 전파의 기회가 더 많아진 것이니까. 난 그렇게 보네."

사도 바울의 그 말을 들으면서 나는 빌립보 교인들에게 보내는 편지의 구절을 떠올렸다. 그때도 사도 바울은 착한 뜻으로 하든 다툼으로 하든 전파되는 것이 그리스도라면 자신은 기뻐하겠다고 말했다.

> "그러면 무엇이냐 겉치레로 하나 참으로 하나 무슨 방도로 하든지 전파되는 것은 그리스도니 이로써 나는 기뻐하고 또한 기뻐하리라" 빌 1:18

한동안 침묵이 흘렀다. 결과적으론 좋다 해도 과정이 좋지 않다면 그것은 뭔가 꺼림칙한 부분으로 남는 까닭이다. 한참 동안 침묵하던 바울이 내게 물었다.

"자네는 일과 사람 중에 무엇이 더 중요한가?"

사도 바울의 이 질문은 바나바에 비해 사람을 잘 못 챙기는 자신의 성향을 반성하고 있는 뉘앙스였다.

"저는 사람이 더 중요하다고 믿는 쪽입니다. 지금까지도 그렇게 살고 있고요. 저는 어릴 때부터 사람을 좋아했습니다. 사람들을 만나고 이야기하고 도와주고 하는 것이 왠지 좋았습니다. 그래서 저는 사역을 할 때도 사람을 우선시하는 성향이 있습니다. 그 때문에 큰 일을 수행하는데 다소 어려움을 겪긴 했지만 크게 후회해 본 적은 없습니다."

그러자 사도 바울은 크게 한숨을 쉰 후에 이렇게 말을 이었다.

"그렇군. 자네 인상을 보면 충분히 그랬을 것 같아. 그런데 나는 말이야, 늘 일 중심이었어. 신념이 강한 사람에 속하지. 그래서 목표가 정해지면 주저하지 않는 스타일이야. 1, 2차 전도여행을 다녀온 후에 바로 3차 여행을 떠난 것도 그런 성격 탓이기도 해. 그래서 그 많은 과정 속에서 사람들을 세우기도 했지만 상처도 많이 주었을 거야. 특히 예수님과 같은 사랑을 기대하고 왔던 사람들 중에는 내가 사람을 품는 스타일이라기보다 일을 중시하는 스타일이라 차갑고 무정한 사람인 것에 실망한 사람이 많았을 것 같아. 자네가 지켜본 나는 어떤가? 자네는 상담을 공부하였으니 성격심리학으로 나를 분석할 수 있지 않은가?"

실제로 바울은 전도여행을 포기하고 돌아갔던 마가 요한을 인정하지 않았다. 단칼에 자르는 스타일, 한 번 어긋나면 되돌리기 어려운 상황, 엎질러진 물, 소위 말하는 한 번 찍힌 사람을 여간해서는 다시 마음에 들어 하기 어려웠던 스타일이었다.

그런데 리더십의 관점에서 보면 사도 바울의 스타일이 직무와 관련해서는 오히려 성과를 더 많이 얻는다는 장점이 있다. 리더가 될수록, 지위가 높을수록 신속한 판단력과 결단력이 요구된다. 사람을 너무 챙기고 이것저것 계산하다 보면 오히려 일을 그르치는 경우가 생긴다. 사도 바울이 1~3차 전도여행을 무사히 마칠 수 있었던 것은 그가 일 중심의 사람이었기 때문이다. 그가 사람 중심이었다면 정에 이끌려 완주하지 못했을 위험성도 있다. 어떤 쪽이든 일장일단(一長一短)이 있는 법이다.

1.
바울의 2차 전도여행 개요

바울은 1차 전도여행을 다녀온 지 1년 정도 지난 후, 복음을 전했던 곳으로 다시 가서 회심한 신자들을 돌아보기 원했다. 2차 여행을 떠나기 전 바울과 바나바는 마가 요한의 동행 문제로 크게 다투어 서로 갈라섰다. 마가 요한은 바나바의 조카로 1차 여행 때 성경 읽는 일을 도왔으나 여행을 마무리 짓지 않은 채 일행을 떠나 예루살렘으로 돌아갔었다. 결국 바나바는 마가 요한과 함께 구브로로 갔고, 바울은 실라와 동행하였다(행 15:36~18:22).

* 주후 49~52년

* 사도행전 15장 36절~18장 22절

* 출발지: 수리아 안디옥

* 여행자: 바울과 실라, 디모데, 누가, 브리스길라와 동행

사도 바울과의 인터뷰 16

왜 유럽 선교의 첫 열매는 여성이었을까요?

"선교의 방향이 유럽이라는 건 사도 바울 님에게 어떤 의미인가요? 출발 때부터 삐걱거리기도 했는데 말이죠."

"자네 말처럼 2차 전도여행은 삐걱거리며 출발했지만 분위기도 사뭇 달랐다네. 일단 성령께서 아시아에선 복음을 전하지 못하게 하시면서 마케도니아 환상을 보여주셨지. 그래서 유럽 쪽으로 방향을 틀었고 말이야."

"네. 그건 익히 알고 있습니다. 저도 설교할 때 자주 인용하는 부분입니다. '우리 시대의 마케도니아 환상은 무엇일까요?'라고 하면서 말이죠."

"2차 전도여행에서 또 하나의 중요한 점은, 유럽에서 첫 번째 열매가 바로 여성이란 점이야. 루디아라는 여성이었지. 주께서 그 여성의 마음을 열어 나를 따르게 하셨어. 2차 전도여행에서 여성이 첫 열매란 말은 앞으로의 사역에서 어쩌면 여성이 차지하는 비율이 엄청 커질 것을 암시하는 것이기도 해. 실제로 집안에도 교회에도 여성이 있어야 하고."

"듣고 보니 그러네요. 여성의 필요성은 저도 인정하는데 어떤 점에서 그런 말씀을 하신 것이죠?"

"이를테면 나는 일 중심이라고 했잖나, 그런데 루디아는 지극히 사람 중심인 거지. 사역을 하는 것도 중요하지만 먹고 마시며 건강을 유지하는 세밀한 부분까지 신경을 써 주었어. 정말 감동적이었네. 그 당시 자주 장사는 꽤 부유한 사람이었는데 그런 루디아가 자꾸 자기 집에 일정 기간 동안 머물라고 하는 거야. 그래서 나는 일이 바쁘니 갈 길을 가야겠다고 억지를 부렸지. 그런데 그런 나를 꼼짝못하게 만든 말이 있었다네."

"그게 뭐였나요?"

"만일 자기를 주 믿는 자로 알거든 자기 집에 들어와서 유하라고 하더군. 그렇게까지 강권하는데 어떻게 박절하게 뿌리칠 수 있겠나? 그래서 루디아 집에 머물면서 베풀어 주는 호의를 받았는데, 그 덕분에 제대로 충전을 할 수 있었어. 그래서 아무리 사역이 급하고 중해도 관계적인 면에서는 여성의 시각이 월등하다는 걸 알았다네."

"오! 그러네요. 루디아는 의리의 여자군요. 배포도 크고 아주 멋있습니다. 웬만한 남자보다 훨씬 나은데요?"

사도 바울이 말하는 루디아(Ludia)라는 이름의 뜻은 '생산'인데, 사람의 이름이라기보다 성읍의 이름이며 원래 이름은 유오디아나 순두게였다고 말하는 학자도 있다(빌 4:2).

사도 바울의 말을 들으면서 나는 내 아내를 생각했다. 관계에 관한 한 나는 늘 아내의 시각에 미치지 못했다. 내가 보지 못하는 영역을 아내는 훤히 알고 있었고, 그런 부분에서 아내의 말을 따르면 그 결과는 항상 좋았다. 그래서 나는 나이가 들어갈수록 아내의 말에 귀 기울이는 게 지혜로운 일이라는 것을 알았다. 가끔 주례를 할 일이 있거나 부부 세미나 강사로 서면 이렇게 농담을 한다.

"여러분, 아내라는 말의 뜻이 뭔 줄 아나요? 어떤 이는 안+해, 그러니까 안에서 비추는 해라고 해서 '안해'를 '아내'로 불렀다고 합니다. 그런데 저는 이렇게 말합니다. 아내께서 무슨 말씀을 하시든 남편들은 '아! 네'라고 마당쇠와 돌쇠처럼 즉각 듣고 실행하라는 뜻이라고요. 특히 나이가 들어갈수록 아내 말을 잘 들어야 합니다. '아! 네! 아! 네!'라고 하면서 말입니다. 더구나 남자에게는 나이가 들어갈수록 아내의 역할이 절대적입니다. 제가 인터넷에서 이런 유머를 본 적 있습니다. 나이가 들어가는 여자에게 필요한 다섯 가지가 있는데, 딸, 돈, 건강, 친구, 찜질방이었습니다. 반면, 나이 들어가는 남자에게 필요한 다섯 가지는 마누라, 아내, 애들 엄마, 집사람, 와이프였습니다. 그러니 남편들은 젊었을 때 관계 보험을 잘 들어놓아야 합니다. 젊었을 때 잘해야 나이 들어 대접받습니다. 그렇지 않으면 천대받을 가능성이 다분히 높습니다. 한마디로 '있을 때 잘해!'입니다."

1) 여행 경로

수리아 안디옥 → 더베, 루스드라(행 15:40~16:1) → 드로아(행 16:6~8) → 빌립보(행 16:11~12) → 데살로니가(행 17:1) → 베뢰아(행 17:10) → 아덴(행 17:22) → 고린도(행 18:1~11) → 에베소(행 18:19) → 예루살렘(행 18:22) → 안디옥(행 18:22)

바울의 2차 전도여행도

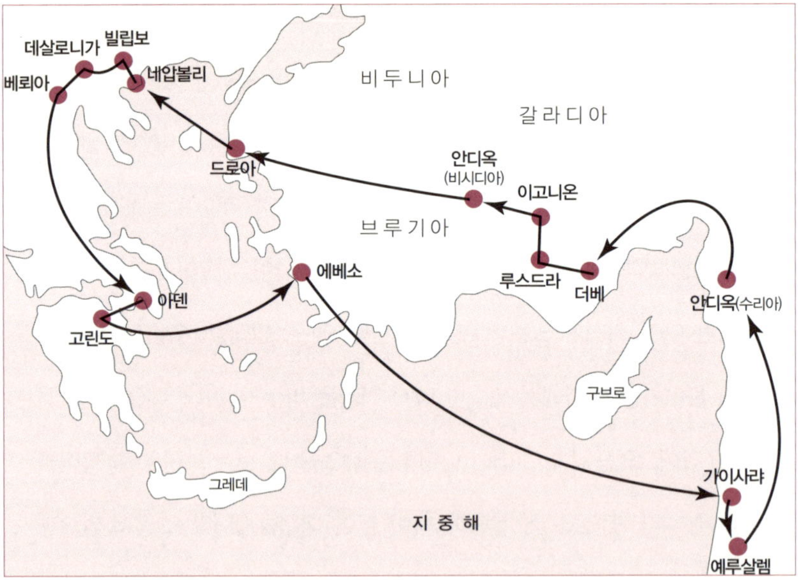

2) 여행지에서 생긴 일

① 수리아 안디옥은 마가 요한의 문제로 바나바와 떨어져 실라와 함께 전도여행을 시작한 곳이다.

② 1차 전도여행지였던 루스드라에서 디모데를 만나 전도여행에 합류하였다.

③ 드로아에서 밤에 마게도냐 사람의 환상을 보았다.

비두니아에서 전도하려고 했으나 성령이 허락하지 않으셨다.

밤에 마게도냐인이 "우리를 도우라"고 하는 환상을 보고 마게도냐로 건너갔다.

④ 빌립보에서 귀신 들려 점치는 여종에게서 귀신을 쫓아내어 고쳐 주었다.

주인이 자기의 수입이 없어진 것을 원통히 여겨 군중을 충동하여 송사함으로 법관에게 매를 맞고 옥에 갇혔다.

감옥에 갇힌 바울과 실라가 찬송할 때 지진이 났고, 간수와 가족에게 전도했다.

⑤ 데살로니가에서 복음을 전할 때 유대인들이 바울을 핍박하여 베뢰아로 피난 갔다.

⑥ 베뢰아에서 헬라의 귀부인들을 신자로 얻었다.

⑦ 아덴에서 철학자들과 변론, 쟁론을 하였다.

말쟁이로 오해를 받았다.

아레오바고에서 부활의 진리를 전하자 여러 사람이 순종하여 구원을 받았다.

⑧ 고린도에서 아굴라, 브리스길라 부부를 만나 동업하며 성령충만하여 함께 전도하며 교회를 세웠다.

이곳에 1년 6개월 동안 머물러 전도하면서 데살로니가전서, 데살로니가후서를 기록했다.

사도 바울과의 인터뷰 17

왜 무식한 사람도 때론 성공을 거두나요?

사도 바울이 내게 물었다.

"계산하는 똑똑함과 무식한 우직함 중에 무엇이 더 큰일을 할까?"

그가 나에게 이렇게 말하는 것은 마가 요한에 대한 생각을 묻는 것이다. 바울은 마가 요한을 낮게 평가하고 있었다. 물론 마가 요한이 회개한 이후에는 바울에게로 돌아왔다. 그리고 바울이 순교를 당하기 전 가장 힘든 시기에 그를 크게 위로하는 자가 되었다. 전체적인 사역과 관계 면에서 본다면 최종적으론 선을 이룬 관계였지만 사도 바울의 성향으로 본다면 마가 요한은 자격 미달이었다.

"저는 무식해도 끝까지 가는 우직함이 더 낫다고 봅니다."

"자네도 그렇게 생각하는가? 나도 그렇게 생각하는데, 그런 생각을 하면 늘 아쉬운 사람이 하나 있어. 그 친구 문제로 2차 전도여행을 나갈 때 동행 문제로 바나바와 크게 다투었지. 바로 마가 요한 말이야."

정말 사도 바울의 말대로 '마가 요한이 선교여정을 포기하지 않고 계속 이어갔더라면 어땠을까?' 하는 생각을 해 본다. 사도행전의 역사에서 바울에 버금가는 신앙의 인물로 등재되었을 것이다. 서양 속담에 "폭풍은 유능한 뱃사공을 만든다"라는 말이 있다. 마가 요한은 폭풍을 보고 도망가는 쪽을 선택했지만 바울은 직면하는 쪽을 선택했고, 그로 인해 더 유능한 존재가 되었다. 우리도 일생을 살면서 안전을 선택하는 지혜도 필요하지만 안전보다는 복음을 위한 모험을 감행하는 용기가 더 필요하다. 하나님께서는 행하는 사람을 통해서 역사하시지, 도피하는 사람을 통해서 역사하시지 않는다. 때로는 세상 사람이 외치는 말도 새겨들을 필요가 있다. 화투를 치는 사람들도 이렇게 외치지 않던가?

"에라이! 무조건 Go다! 못 먹어도 Go!"

사실 하나님께서 요구하시는 신앙적 결단도 마찬가지다. 하나님께서는 합리적인 계산, 똑똑한 계산법, 손익을 따지는 명석함을 가진 사람을 사용하기보다 하나님의 말씀이라면 무조건 신뢰하는 단순한 사람, 하나님의 약속이라면 끝까지 믿고 그 약속을 행동으로 옮기는 사람을 사용하는 분이셨다. 출애굽 이후 광야를 통과한 이스라엘 백성이 드디어 가나안 땅을 목전에 두었다. 거기는 가데스 바네아라는 땅이었고, 이에 모세는 열두 명의 정탐꾼(스파이)을 보내 그 땅을 탐지하게 하였다.

대개 많은 분들이 열두 명이 돌아와 보고하는 장면에서 열 명은 부정적인 보고를 했고, 여호수아와 갈렙만 긍정적인 보고를 했다고 해석한다. 그런데 사실 열 명의 보고는 부정적인 보고가 아니라 '정확한' 보고였다. 지정학적, 군사학적으로 비교분석했을 때 완벽한 보고였다. 그러나 단 한 가지, 하나님께서 이미 주겠다고 하신 약속을 믿지 않았다. 여호수아와 갈렙은 그것을 믿었기 때문에 가나안 땅을 정복하러 가자고 했다. 그들은 "밥 먹으러 가자"라는 표현을 썼다. 개역개정에는 '먹이'라는 표현으로 대체했다.

> "그 땅을 정탐한 자 중 눈의 아들 여호수아와 여분네의 아들 갈렙이 자기들의 옷을 찢고 이스라엘 자손의 온 회중에게 말하여 이르되 우리가 두루 다니며 정탐한 땅은 심히 아름다운 땅이라 여호와께서 우리를 기뻐하시면 우리를 그 땅으로 인도하여 들이시고 그 땅을 우리에게 주시리라 이는 과연 젖과 꿀이 흐르는 땅이니라 다만 여호와를 거역하지는 말라 또 그 땅 백성을 두려워하지 말라 그들은 우리의 먹이라 그들의 보호자는 그들에게서 떠났고 여호와는 우리와 함께하시느니라 그들을 두려워하지 말라 하나 온 회중이 그들을 돌로 치려 하는데 그때에 여호와의 영광이 회막에서 이스라엘 모든 자손에게 나타나시니라" 민 14:6~10

2.

2차 전도여행 주요 거점 도시

사도 바울의 2차 전도여행의 거점별 주요 사역 내용은 다음과 같다.

* 수리아의 안디옥(현, 안타키아)

실라(실루아노)는 2차 전도여행에 사도 바울과 동행한, 예루살렘 교회 지도자 중 한 사람이다. 본래 예루살렘 회의의 결정사항을 안디옥 교회에 전하는 특사 역할을 수행하던 중 바울과 동행하기로 하였다(행 15:40). 그는 안디옥을 출발하여 여행하다가 함께 투옥되기도 하였다.

* 더베

1차 전도여행 때 복음을 전했던 더베에 2차 전도여행 때도 다시 경유하여 말씀을 전하고 루스드라로 갔다(행 16:1).

* 루스드라

루스드라는 1차 여행 때에 앉은뱅이를 걷게 한 일로 바울을 시기한 유대인들이 그를 돌로 쳐서 성 밖으로 버렸던 곳이었다. 이곳을 다시 찾은 바울과 실라는 디모데를 일행에 추가하면서 전도단은 세 명이 되었다. 바울은 이곳에서 디모데에게 할례를 행하여 유대인을 자극하지 않으려고 애를 쓰며 복음을 전했다(행 16:2~3). 그러나 성령은 아시아의 전도를 허락하지 않고 유럽 쪽으로 발길을 돌리게 하셨다(행 16:6~7).

* 드로아(Troas)

1. 위치

소아시아 서북 무시아도의 항구, 고대 트로이에서 남남서 방향 약 25km 지점에 위치한 에게해의 항구, 이곳에서 마게도냐로 건너갔음. 지금의 터키령 에스키스탄불(Eskistanbul).

2. 관련 기사

① 사도 바울이 마게도냐인의 환상을 보아 유럽 전도의 첫 출발지가 됨(행 16:6~9). ② 누가가 전도여행의 일원으로 기록함(눅 16:10). 누가 자신의 이름은 없지만 사도행전의 기록자로 '우리'라고 자신을 포함해서 언급함. ③ 디도가 고린도에서 돌아오기를 바울이 기다린 곳(고후 2:12~13), 바울이 이곳을 거쳐 마게도냐로 감. ④ 바울이 아가야를 방문하고 돌아온 곳(행 20:2-3) ⑤ 바울이 7일 동안 교회를 방문함(행 20:6). ⑥ 이때 유두고 사건이 발생(행 20:9~12) ⑦ 바울이 디모데에게 편지하면서 드로아 가보의 집에 둔 겉옷과 가죽에 쓴 책을 가지고 오라고 부탁함(딤후 4:13).

드로아는 터키의 서북쪽 고대 트로이 남쪽의 항구도시였으나 현재는 내륙이며, 고대 그리스군과 트로이군의 전쟁 시 트로이의 목마를 통해 그리스가 승리를 얻었던 곳이다.

사도 바울은 꿈에서 마게도냐 사람이 도와달라고 하는 환상을 본 후 이를 하나님의 뜻으로 알고 이곳에서 배를 타고 첫 유럽 땅 마게도냐의 네압볼리로 갔다(행 16:8~9).

* 빌립보(Philippi): 말

1. 위치

아가야(그리스) 북방 마게도냐 동쪽 언덕 위에 자리 잡은 요새 도시, 주전 168년에 로마령이 됨.

2. 관련 기사

① 바울과 실라가 2차 전도여행을 할 때 이곳에 첫발을 디뎌 유럽 전도의 문을 여는 시초가 됨. 그 첫 열매의 교인이 자주 장사하는 루디아라는 여신자임(행 16:14). ② 바울과 실라가 귀신 들린 여자 점쟁이에게서 귀신을 내쫓아 고쳐 주자 주인이 자기의 수입이 없어지게 되매 군중을 충동하여 송사함으로 법관에게 매를 맞고 옥에 갇힘. ③ 감옥에서 바울과 실

라가 기도하고 찬송할 때 지진이 나서 문고리가 벗겨지고 문이 저절로 열림, 옥사장이 놀라 자결하려고 하자 바울이 그에게 전도하고 온 가족에게 복음을 전함(행 16:16~34). ④ 이곳 교인들은 바울을 대단히 존경하였으며 바울에게 받은 신앙에 감사하여 마게도냐를 떠날 때와 데살로니가에 있을 때에 여러 차례 바울을 도움(빌 4:15~16). ⑤ 바울이 로마 옥에 갇혔을 때에는 에바브로디도를 통하여 위문을 보냈으므로 바울이 감사의 서신을 보냄(빌 4:18). 십자가의 원수에 대한 경고, 주의 재림 소망, 성도가 하나 됨으로 오는 평안과 기쁨, 그리스도의 능력에 맡김으로써 오는 평안과 기쁨을 기록함.

빌립보는 에게해의 네압볼리 항에서 내륙으로 16km 지점의 산으로 둘러싸인 평지에 있는 마케도니아의 첫 성읍이다. 알렉산더 대왕의 아버지 빌립 왕(재위 주전 359~336)이 확장 건설하면서 그의 이름을 따 빌립보로 불렀다.

바울은 이곳에서 자색 옷감 장사 루디아에게 복음을 전파하였다(행 16:14~15). 특히 여기서 귀신 들린 여종을 예수의 이름으로 치료하였다. 이로 인해 바울과 실라가 풍기문란죄로 체포되어 옷이 찢기고 매를 맞은 후 옥에 갇혔다. 그러나 이들은 그 와중에도 하나님께 기도와 찬송을 올렸고, 이로 인해 지진이 나고 옥문이 열렸으며, 이 일로 당시 바울을 지키던 간수 가족들이 복음을 듣고 구원받았다(행 16:23~36).

사도 바울과의 인터뷰 18

왜 기적 자체보다 자유가 더 중요한가요?

내가 사도 바울에게 말했다.

"빌립보에서도 기적이 있었군요. 점치는 귀신 들린 여종을 고쳐 주신 곳이죠. 제가 주일학교 다닐 때 많이 불렀던 노래 가사였어요. '바울 선생이 빌립보에서 전도를 하다가 점치는 귀신 들린 여종을 고쳐 주었대요' 이런 내용이었죠."

그러자 사도 바울은 뭔가를 깊이 생각하는 듯 차분하게 말했다.

"기적을 행했다는 게 중요한 게 아니라 그 여종을 자유롭게 했다는 게 중요하다네. 기적은 하나님의 일을 이루는 하나의 방편에 불과하니까. 많은 사람들은 기적이 일어나면 그것에 놀라곤 하지만 나는 그보다 하나님의 섭리에 더 놀라게 돼."

내가 속한 교단인 순복음교회는 무엇보다 열정적 영성을 추구하는 교단이라서 방언을 비롯한 성령의 은사를 강조하고 또 그것을 성령 받은 증거로까지 인정한다. 그래서 병자가 낫는다든지 귀신 들린 사람이 해방을 얻는 기적이 많이 일어난다. 그런데 사도 바울의 말을 듣고 기적은 그 자체가 목적이 아니란 것을 새삼 깨달았다. 그런 생각을 하고 있는 나에게 사도 바울은 한 마디를 더 들려주었다.

"귀신 들린 여종은 자기 인생의 주인공이 아니었어. 귀신의 지배를 받고 있었으니 말이야. 자네가 살고 있는 21세기의 많은 사람들도 자기 인생의 주인공이 아닐 거야. 돈에게 사로잡히고, 명예에 사로잡히고, 물질적인 가치관에 사로잡혀 늘 불안의 늪에 빠져 있지. 그런 면에서 자유롭게 해주는 것이 복음이라네. 복음의 능력은 우리가 죄의 종이 되지 않고 자유자로 살게 해주니까. 내가 갈라디아 교회에 보낸 편지에서 쓴 구절을 자네는 기억하는가?"

사도 바울의 말을 듣자 나는 반사적으로 갈라디아서 5장 1절의 말씀이 떠올랐다. 그리고 예수님께서 하신 말씀도 동시에 생각났다.

> "그리스도께서 우리를 자유롭게 하려고 자유를 주셨으니 그러므로 굳건하게 서서 다시는 종의 멍에를 메지 말라" 갈 5:1

> "진리를 알지니 진리가 너희를 자유롭게 하리라" 요 8:32

* 데살로니가(Thessalonica): 하나님의 승리

1. 위치

마게도냐의 한 성. 알렉산더 대왕의 이복누이이자 아내인 데살로니가를 성읍의 이름으로 했다. 지금도 데살로니가이다.

2. 관련 기사

① 자유시의 특권이 있어 매년 시민의 모임에서 5~6명의 당국자를 뽑아 모든 일을 처리했다(행 17:6~8). ② 사도 바울이 2차 전도여행 때 이곳을 방문했다(행 17:1~9). 바울이 이곳에서 이방인 신자를 얻었으나 유대인의 반대를 받아 디모데와 실라와 같이 베뢰아로 갔다. ③ 바울이 귀로에 재방문했다(행 20장). ④ 바울이 아리스다고와 세군도와 같이 예루살렘으로 갔다(행 20:4, 27:2). ⑤ 고린도에서 바울이 데살로니가전·후서를 써 이곳 교회에 보냈다. ⑥ 빌립보 교인들이 데살로니가에 있는 바울에게 선교비를 보냈다(빌 4:16).

바울과 실라와 디모데 일행은 암비볼리(Amphipolis)와 아볼로니아(Apollonia)의 회당에 들러 복음을 전하고 의도했던 목적지 데살로니가에 도착했다. 이곳에서 전한 메시지의 핵심은 그리스도의 죽음과 부활, 그리고 심판이다(살전 1:10). 루스드라에서처럼 여기서도 유대인들의 핍박이 극심하여 결국 어쩔 수 없이 베뢰아로 피신하지만, 훗날 그가 뿌려 놓은 복음의 씨앗은 데살로니가 교회의 큰 밑거름이 되었다(행 17:1; 빌 4:16; 살전 3:6~10).

데살로니가서를 보면 그때나 지금이나 종말론을 외치는 사람들이 많았고, 종말의 때에 어떤 삶의 태도를 견지했는지도 알 수 있다. 사도 바울은 데살로니가 교인들에게 보내는 편지에서 그리스도의 재림이 곧 있을 것이라고 했다. 그런데 일부 교인들이 그리스도가 며칠, 몇 달, 몇 년 안에 재림한다면 그 재림을 맞이해야 하니 생업에 종사할 이유가 없다고 주장했다. 한국에서도 1990년대 말에 '다미선교회'를 중심으로 2000년을 기점으로 그리스도의 재림이 올 것이라고 말했던 시한부 종말론자들이 있었다.

여기에 대한 해답은 하나다. "내일 지구의 종말이 온다 할지라도 나는 한 그루의 사과나무를 심겠다." 이 말은 포르투갈계 유대인 혈통의 철학자로 17세기 유럽 철학의 중요한 합리주의자 가운데 한 사람인 스피노자의 말로 알려져 있다. 그런데 일부에선 이 말의 원 출처가 마틴 루터라고 주장한다. 마틴 루터가 종교개혁을 일으킨 모토였다는 것이다. 개인적으로는 무신론자인 스피노자의 말이라기보다 루터의 말이라는 데 더 신뢰가 간다.

사도 바울과의 인터뷰 19
왜 인생은 황혼이 아름다워야 하나요?

내가 사도 바울에게 물었다.

"자타가 공인할 만한 인생의 열매가 있는지요?"

이제 나의 인생은 황혼기로 접어들고 있다. 주님의 부르심을 받는 날이 가까워지고 있다. 그래서 요즘 부쩍 '주님 앞에 섰을 때 나는 과연 무엇이라고 말할 수 있을까?' 하는 물음을 던져 보곤 한다. 왠지 자신이 없다. 열심히 살기는 했지만 그 열매가 어떠했는지는 확실하게 내세울 그 무엇이 없기 때문이다. 그런 점에서 사도 바울은 참 당당했다. 데살로니가 교인들에게 이렇게 말했다.

"만약 주님이 재림하셔서 저보고 '너의 사역 결과가 무엇이냐?'라고 물으신다면 저는 당신들을 보여드릴 것입니다. 여러분이 제가 일했던 결과이고 열매라고 말입니다. 저보다 훌륭한 신앙의 열매를 더 많이 양산했다고 자부할 것입니다."

그런 자신감, 그런 당당함, 자타가 인정하는 결과를 내보일 수 있는 사람은 얼마나 행복할까? 그 느낌이 인생 발달을 8단계로 나눠 설명했던 심리학자 에릭 에릭슨의 마지막 단계가 아닐까? 마지막 단계는 '통합 vs. 절망'인데 통합된 쪽의 느낌이 그런 것이리라.

흰 머리 지긋한 두 사람이 한참이나 저녁노을을 바라보고 있다고 상상해 보자. 그런데 조금만 더 있으면 두 사람의 삶의 모양새가 극명하게 갈라진다. 한 사람은 따뜻하게 맞아줄 가족이 있는 돌아갈 집이 있기에 저녁노을이 행복하게 보일 것이다. 하지만 집도 없고 먹을 것도 없고 잘 곳도 없으며 가족도 없는 사람에게 비치는 저녁노을은 배고픔과 슬픔, 고독과 불행의 상징일 것이다. 인생도 마찬가지이리라.

* 베뢰아(Berea): 너머의 땅

1. 위치

데살로니가 서편 80km 지점에 있는 마게도냐의 한 성읍

2. 관련 기사

① 사도 바울이 2차 전도여행 때 데살로니가에서 나와 이곳에서 전도하여 성공하였다(행 17:10~14). ② 이곳 사람은 성경을 연구했다(행 17:11). ③ 바울 일행은 선동하는 무리들 때문에 이곳을 떠났다(행 17:13~14). ④ 바울 당시에는 매우 번영했다. 현재는 베리아인데 주민 중에는 터키인이 많다. ⑤ 부로의 아들 소바더(Sopater)는 이곳 사람이다. 소바더는 바울과 함께 아시아로 갔다(행 20:4).

'베뢰아 사람'(행 20:4)이란 베뢰아 출신자를 말하는데, 데살로니가 사람보다 신사적이었다. 간절한 마음으로 바울과 실라의 말을 듣고 확인하기 위하여 성경을 연구했다. 믿는 사람이 많아졌고, 그중에는 헬라의 귀부인과 남자도 많았다(행 17:10~12).

유대인들은 결국 이곳까지 달려와 군중을 선동하여 소동을 일

으키면서 바울을 박해하였다. 그러자 다급한 나머지 후일을 기약하며 실라와 디모데를 남겨 놓고 바울 홀로 아덴(아테네)으로 피신하였다(행 17:13~15).

사도 바울과의 인터뷰 20

왜 교회와 목회자는 욕을 더 많이 먹을까요?

내가 사도 바울에게 물었다.

"인격과 신앙의 관계를 어떻게 생각하시나요? 돈독한 신앙을 가지면 인격이 바뀔까요? 아니면 온전한 성격 위라야 올바른 신앙이 세워질까요?"

"자네 생각은 어떤가?"

사도 바울은 유대인답게 질문으로 응수했다. 유대인의 공부법 '하브루타'는 짝을 지어 하는 질문식 교육이라 사도 바울은 되묻는 질문을 많이 해 보았을 것이다. 꼬리에 꼬리를 무는 질문을 통해 서로가 성장하는 탁월한 교육 방법이다. 그래서인지 내가 하는 질문에 반사적으로 되물었다.

"성령을 받으면 인격까지 변하는 것 아닐까요? 저는 그런 것을 많이 보았으니까요."

"글쎄, 나는 생각이 좀 다르네. 기본적인 성향, 인격, 성품이 좋은 사람일수록 신앙이 뿌리내리고 좋은 열매를 맺는다네. 내가 베뢰아 사람들을 보고 느낀 점이 있어. 그 사람들은 참 신사적이었거든. 데살로니가 사람들보다 훨씬 더 너그럽고 인격적으로 성숙되어 있었어. 그들은 간절한 마음으로 말씀을 받고 이것이 그러한가 하여 날마다 성경을 상고 했지. 그리고 자신의 삶에서 실천하려고 애썼고. 그 덕분에 믿는 사람이 많아졌고, 헬라의 귀부인들과 남자들까지도 복음을 받아들였어."

"그 좋은 분위기에 찬물을 끼얹은 사람들이 데살로니가의 유대인들이었죠?"

"자네도 알고 있구먼. 그랬다네. 그런데 말일세, 왜 그런 일이 생길까? 왜 내가 가는 곳마다 유대인들이 방해를 했을까? 복음 전파를 가장 싫어하는 대상이 누구일까?"

"원수 마귀 사탄이겠죠."

"맞아. 그래서 사탄은 핍박을 가해서 복음 전파를 막으려 했지만 오히려 복음이 더 편만해지는 결과를 가지고 왔지."

사도 바울이 계속 이어 말했다.

"난 핍박을 받을 때마다 내가 전하는 복음이 진리임을 더 확신했어. 아마 내가 전하는 복음이 진리가 아니라면 핍박자가 없겠지. 복음이 진리이기 때문에 외부에서 핍박이 많은 거야. 밤이 깊을수록, 어둠이 짙을수록 빛이 더 밝게 빛나는 법이니…. 핍박해 보라지. 이 한 몸 불태워 빛을 밝힐 테니까."

사도 바울은 눈에 힘을 주며 계속 말했다.

"그래서 억지로 맞서 싸우려 하지 않고 그냥 조용히 피하려고 애썼던 적이 많아."

"아! 그래서 더러 피신하듯 하신 일도 있었군요. 그럴 때 한국 사람들이 쓰는 속담이 있습니다. '똥이 무서워서 피하냐? 더러워서 피하지!'라고 말이죠."

나는 한국에 살면서 유독 교회만 욕을 더 많이 먹는 기현상을 보았다. 코로나19로 문제가 발생될 때도 교회에서 확진자가 나올 때면 세상 사람들은 교회를 잡아먹을 듯이 공격했다. 마치 교회가 코로나 확산의 주범인 양 매도했다. 다른 종교는 그냥 '종교단체'라고 보도하면서 교회는 '○○교회'라고 이름을 밝혔다. 또 성직자가 무슨 잘못을 하면 전체 성직자를 매도하는 방식으로 보도를 했다. 그런 기사가 뜨면 댓글을 다는 이들은 기다렸다는 듯이 악담을 퍼부었다. 마치 굶주린 하이에나들처럼 말이다.

사도 바울의 말을 빌리자면 그 모든 이유는 딱 한 가지다. 내가 믿는 신앙이 진리이기 때문이다. 진리이니까 핍박자가 있는 것이다. 진품이 비쌀수록 짝퉁도 많이 생기는 법이다.

* 아덴(Athens, 아테네): 도착

1. 위치

수호의 여신 아데나에서 온 이름으로, 현재는 그리스의 수도. 옛적부터 헬라의 제일 유명한 성이었다. 전성기에는 약 25만의 인구가 살았다고 한다.

2. 관련 기사

바울이 2차 전도여행 시 전도한 곳(행 17:16~34)으로, 우상숭배가 너무 심하여 알지 못하는 신의 단까지 있었다. 바울이 이곳 유명한 철학파 에피쿠로스, 스토아와 쟁론하고 아레오바고 회의소에 부활의 진리를 전하매 관원인 디오누시오와 다마리라는 여자와 여러 사람이 주께 돌아왔다.

사도 바울 당시 이 성에는 플라톤의 이상주의, 에피쿠로스(Epikouros)의 향락주의, 스토익(Stoic)의 금욕주의가 유행하여 교회를 세우지 못했다. 성경에는 없으나 전설에 의하면 그 후에 이 성에 교회가 왕성하여 바울의 복음을 듣고 회심한 관원 디오누시오가 제1대 감독이 되었다고 한다. 콘스탄티노플의 함락 후부터 헬라교의 중심지가 되었다. 미네르바 여신의 청동상과 파이슬로 묘 등 세계적으로 유명한 유적이 많이 있다.

아테네는 성경이 아니더라도 세계사를 공부한 사람이라면 누구나 알고 있는 유명한 도시다. 로마시대에도 아테네는 세계의 정신적·문화적 중심지였다. 헬라, 곧 그리스의 수도로서 민주주의가 가장 먼저 실행되었던 곳이며, 온갖 신화 및 우상과 철학의 도시이기도 하다. 그래서 도심 어디에나 갖가지 신들, 반신, 영웅들을 조형한 수많은 조각들이 산재해 있었다. 이에 사도 바울은 온갖 잡신과 사상이 풍성한 도시임에도 불구하고 참 진리이신 그리스도를 알지 못하는 것에 의분을 느꼈다(행 17:16; 살전 3:1). 그래서 여러 회당과 아고라(시장, 광장)에서 복음을 전파하였다(행 17:16~23).

아테네는 고대로부터 철학이 발달한 곳으로서 아카데미 문화가 늘 존재했다. 그러므로 사도 바울은 이들이 주장하는 궤변을 깨뜨리기 위해 철저한 논리와 성경 지식을 바탕으로 그리스도가 주이심을 증거한다. 그가 달변가로 준비된 것이 이때 더 큰 효용성을 발휘했던 것이다. 그렇지만 사도 바울의 고군분투에도 불구하고 아테네에서는 큰 전도의 열매를 거두지 못했다.

이 사람들이 바울을 거절할 때 "다시 듣겠다"(행 17:32)라는 표현을 쓰는데 이것은 거절을 완곡하게 표현한 것이다. 사실은 듣지 않겠다는 말이다. 특히 부활에 관한 바울의 메시지는 이들에게 수용이 불가한 내용이었다. 오늘날 자연과학의 입장에서 부활이란 전혀 성립이 안 되는 말이지만 신앙은 자연과학의 틀을 넘어서는 요소이기 때문에 그 이상의 세계를 모르고 과학적 패러다임에 묶인 사람들은 그것을 받아들일 수 없다. 과학적 패러다임에선 똑똑한 사람일지 몰라도 그 이상의 관점에선 지혜롭지 않은 사람들이다. 현대 사회에는 이렇게 '똑똑한 멍청이'가 넘쳐나고 있다.

* 고린도(Corinth): 뿔

1. 위치 및 개요

그리스 반도의 남부, 로마제국 아가야의 주된 도시. 겐그리아 항구와 로마의 레기온 항구를 연결하고 지중해의 동서를 연결하는 지역으로 상업과 물질적인 번영을 누린 도시로, 잡다한 인종이 많이 모여 살고 있어 동서 문화와 종교의 혼잡을 이루었다. 고린도에는 아프로디테라는 여신의 우상이 있어, 180m나 되는 신전에 무녀(巫女)가 무려 1,000명이나 있었고, 이로 인하여 고린도는 음란한 사람의 대명사가 되었다.

2. 관련 기사

① 바울이 2년 가까이 선교하여 교회를 설립했다(행 18:1~8). ② 교인 전체의 수가 상당히 많은 것으로 예상된다(고전 1:26). ③ 바울이 피소되어 아가야 총독 갈리오 앞에 서 있었다(행 18:12~13). ④ 시장이 있던 곳이다(고전 10:25). ⑤ 바울의 동역자 그리스보(행 18:8), 가이오, 에라스도(롬 16:23), 스데바나(고전 1:16) 등의 거주지이다.

아덴에서도 별로 성과를 내지 못한 사도 바울은 다소 의기소침한 상태로 고린도에 도착한다. 고린도는 소돔과 고모라의 계보를 잇는 도시였다. 에게해와 아드리아해 사이의 좁은 지형에 위치한 항구도시로 부유한 상업 중심지였다. 이 도시에는 큰 경기장이 있어서 그리스, 로마, 동양 사람들까지 참석하는 올림픽 다음으로 유명하였고, 2만 명을 수용할 수 있는 야외극장도 있었다. 풍요로웠지만 그만큼 많이 타락하기도 했다.

이 도시에는 매춘부가 1,000명 정도 있는 유명한 아프로디테의 신전이 있었다. 고린도의 타락상은 헬라어로 코린티아조마이(korinthiazomai)가 '고린도인처럼 행하다', '매춘 행위를 행하다'라는 말로 쓰일 정도로 극심했다. 그래서 고린도 지역에 세운 고린도 교회 역시 말 많고 탈 많고 시끄러우면서, 세상 사람들도 하지 않는 짓들을 하는 아주 문제 많은 교회로 '고린내'가 진동하였다.

그런데 사도 바울은 여기서 아굴라와 브리스길라 부부를 만났다. 그들은 바울이 가장 어렵고 힘들 때 신실함으로 가장 큰 도움을 준 사람들이었다. 이 부부를 통해서 거처를 제공받고 전도사역을 수행하도록 도움을 받았다(행 18:1~3). 얼마 후 베뢰아에 두고 왔던 실라와 디모데가 이곳으로 다시 합류하여 1년 6개월 동안 전도 활동을 했다.

사도 바울을 가장 힘들게 한 것은 이방인이 아니라 유대인들이었다. 적대감을 가진 유대인들은 바울을 모함하여 총독 갈리오의 법정으로 끌고 갔다. 온갖 죄목을 붙여서 처벌을 요구했지만 총독 갈리오는 도리어 바울의 무죄를 선언하며 유대인들을 쫓아냈다. 소위 집안싸움이니 집안사람들끼리 해결하라는 뉘앙스였다(행 18:5~16). 이에 흥분한 유대인 군중들은 도리어 바울을 핍박한 회당장 소스데네(Sosthenes)를 폭행하는 사태가 발생하였으나 갈리오 총독은 상관하지 않았다.

이곳에 머물던 사도 바울은 주후 51년에 데살로니가전·후서를 써서 데살로니가 교회에 보냈다. 이 과정에서 바울과 동고동락했던 아굴라와 브리스길라 부부는 선교의 중요성을 깨닫고서 목숨을 아끼지 않고 교역자를 섬기는 가운데 에베소와 로마까지 따르면서 함께하였다(고전 16:19; 롬 16:3~5).

빛은 어두울수록 더 밝게 빛나는 법이다. 난세에 영웅이 나온다는 말도 그런 개념이다. 아무리 세상이 혼탁하고 어두워져도 그 속에서 도리어 빛을 발하는 사람들이 있다. 아무리 세상 풍조가 악해도 그 파도를 거슬러 올라가는 사람들이 있다. 엘리야 시대에 엘리야는 자기 홀로 남았다고 탄식했지만 하나님은 바알에게 무릎 꿇지 않은 경건한 사람이 7천 명이나 있다고 하셨다. 어디를 가서 무슨 일을 하든 어려움이 있고 핍박하는 사람도 있겠지만 반대로 나를 도와주는 사람, 나보다 나를 더 아껴 주는 사람을 만나는 복도 누릴 수 있을 것이다. 그러니 주님의 사역을 하는 데 있어서 주저하거나 낙담할 필요가 없다.

사도 바울과의 인터뷰 21

왜 세상엔 나보다 나를 더 아끼는 사람이 있을까요?

내가 사도 바울에게 물었다.

"사역을 하면서 나보다 나를 더 아끼고 사랑하는 사람을 얼마나 많이 만나셨는지요? 브리스길라와 아굴라 부부를 그렇게 표현하셨던데 말입니다. 그 부분을 읽을 때마다 얼마나 부러운지 모릅니다."

"자네는 자네 자신보다 자네를 더 사랑하는 사람을 만난 적 없는가?"

의미심장한 물음이었다. 이기적인 사람이야 자기를 사랑하는 게 당연하다지만 나 자신보다 나를 더 사랑해 주는 사람을 어떻게 만날 수 있다는 말인가?

그런데 사도 바울은 그런 사람이 존재한다며 아굴라와 브리스길라 부부를 예로 들었다. 그들이야말로 바울이 자신을 사랑하는 것보다 더 자신을 사랑해 주었던 사람들이라고 말하며, 자신을 위해서라면 목숨까지 내놓을 정도로 사랑했다고 말한다.

하나님의 사역을 하면서 가장 감동이 되고 힘이 나는 것은 이런 사람들을 만날 때다. 각자의 능력도 중요하지만 좋은 동역자를 만나는 것도 매우 중요하다. 그런 면에서 '나에게도 아굴라와 브리스길라 같은 사람들이 있었을까?' 하는 물음과 함께 '나도 어느 누구에게 아굴라와 브리스길라 같은 사람일까?'라고 스스로 되물어 보았다. 숙연해지는 물음이다. 사도 바울은 경험을 통해 충분히 알고 있다는 듯 확신에 찬 어조로 말했다.

"세상을 살면서 나보다 나를 더 아끼고 사랑해 주는 사람을 만나는 것은 세상을 살아 볼 만하다고 느끼게 하는, 살아가는 행복을 느끼라는 하나님의 의도라네. 나보다 나를 더 아껴 주는 사람이 많은 사람일수록 더 행복한 법이지."

* 겐그레아(Cenchrea): 조, 수수

1. 위치

고린도 동편 11km 지점에 있는 외항으로 지중해 연안의 여러 항구를 이어주는 교통의 요충지, 상업도시(행 18:18)

2. 관련 기사

① 고린도와 가까운 항구로 서원이 있어, 바울이 이곳에서 머리를 깎고 에베소로 건너갔다(행 18:18). ② 바울은 여집사 뵈뵈를 이곳 겐그리아 교회에서 봉사하도록 하였다(롬 16:1~2). ③ 바울이 3차 전도여행 시 이곳에서 배를 타려고 하였으나 유대인들의 음모를 알고 육로로 마게도냐로 갔다(행 20:3).

바울은 겐그레아에 교회를 세우고 뵈뵈를 이 교회 집사로 천거하였다. 뵈뵈는 많은 순례자의 후원자 역할을 하였다(롬 16:1~2). 바울은 유월절을 지키기 위해 그의 서원대로 머리를 깎고 아굴라, 브리스길라와 함께 겐그레아에서 배를 타고 에베소로 건너갔다(행 18:18).

사도 바울과의 인터뷰 22
왜 여자는 할례를 행하지 않았을까요?

내가 사도 바울에게 물었다.

"왜 야훼께선 남자들에게만 할례를 행하라고 하셨을까요? 인류의 절반이 여자이니 여자도 마땅히 할례를 행해야 하는 것 아닐까요?"

내가 이렇게 물은 것은 사도 바울이 유대교에 정통한 사람이고 가말리엘 문하에서 수학을 했기 때문에 누구보다 명쾌한 대답을 주리라는 것을 알았기 때문이다. 솔직히 나는 늘 그게 궁금했다. 각종 주석을 찾아보았지만 명쾌한 해답을 얻지 못했다.

"그건 말이지, 남자는 망각의 동물이기 때문이라네."

마치 동문서답 같았다. 내 표정을 읽은 바울이 자세히 설명을 해주었다.

"나에겐 영적 아들 같은 사람이 있다네. 바로 디모데일세."

"그건 충분히 알고 있습니다. 그런데 디모데와 할례가 무슨 상관인지요?"

"디모데의 신앙을 만든 사람이 누구냐는 것일세. 디모데에게는 어머니 유니게가 있었어. 즉 디모데의 신앙을 정립시켜 준 사람은 어머니였지. 그리고 어머니 유니게의 믿음을 확립한 사람은 유니게의 어머니 로이스였고. 디모데의 외할머니 말이야. 여기서 뭔가 공통점을 찾을 수 없는가?"

"둘 다 여성이라는 공통점이 있네요."

"바로 그거야. 신앙을 가지고 유지하고 이어가는 것은 남성보다는 여성 쪽이 훨씬 강하다네. 그래서 각 가정의 수준을 측정하려면 그 어머니가 어떤 사람인지를 알면 되지."

"무슨 말씀을 하시려는지 아직 잘 모르겠어요. 제가 궁금한 건 그것과 할례가 무슨 상관이냐는 것인데요."

"할례와 상관이 있지. 여자의 가슴에 한 번 각인된 신앙은 평생을 가는데, 남자들은 망각의 동물이라 매일 잊어버리기 일쑤야. 사실 의지력도 약하고 귀도 얇거든. 그래서 남자들은 자신들이 선택받은 민족이라는 사실을 쉽게 잊어버리곤 해. 그래서 그들에겐 늘 자신들이 선민이라는 것을 확인시킬 장치가 필요했던 거야."

"그런데 왜 하필이면 남자들의 생식기인가요? 만약 이마에 표식을 했다면 자기들끼리 알아볼 수 있을 텐데 말이죠."

"그럴 수도 있겠지. 그 표식은 회당에서 모일 때 하도록 했어. 이마에 테필린(Teffilin, תפילין)을 달게 한 것 말이야. 테필린은 율법을 기록한 작은 두루마리를 담은 상자인데 늘 말씀을 상기하란 뜻이야. 그런데 여러 사람이 모인 자리에서는 경건한 사람도 혼자 있거나 일하느라 집중한 상태에선 쉽게 자신을 잊어버리기 일쑤거든. 그래서 야훼께선 생식기에 표식을 하게 한 것일세. 어떤 사람이든 하루에 몇 번은 소변을 봐야 하지 않는가? 남자들은 소변을 볼 때 본능적으로 자신의 생식기를 보는 습관이 있는데, 할례 받은 남자들은 소변을 볼 때마다 거기에 있는 표식을 확인하게 되는 거지. 그때마다 자신이 선민임을 늘 일깨우도록 하신 걸세."

"그러니까 유대인 남자라면 누구든 자신의 생식기에 할례 표식이 있고, 그것으로 자신의 정체성을 확인했다는 말씀이네요."

내가 고개를 끄덕이며 말했다.

사도 바울의 말을 들은 후에 나는 미켈란젤로의 조각 〈다윗상〉을 이해할 수 있었다. 다윗상은 나체의 모습으로 조각하였는데 생식기에 할례의 흔적이 없다. 태어난 지 8일 만에 할례를 받는 유대인의 풍습에 의하면 다윗은 반드시 할례를 받은 사람이어야 했다. 할례는 다윗에게 있어 자부심의 근거였다. 골리앗을 보고 의분을 터뜨릴 때도 할례를 받지 못한 인간이 할례 받은 백성을 모독했다는 것이 이유였다. 할례 받지 않은 인간은 짐승으로 취급했다.

> "주의 종이 사자와 곰도 쳤은즉 살아 계시는 하나님의 군대를 모욕한 이 할례 받지 않은 블레셋 사람이리이까 그가 그 짐승의 하나와 같이 되리이다" 삼상 17:36

할례를 받았다면 하나님의 백성이고, 그분의 백성이라면 그의 말씀을 따르는 사람이었다. 그래서 하나님을 거스른 사람은 할례를 받지 못한 것과 동일하게 간주되었다. 스데반 집사도 순교하기 전 자신을 향해 돌을 던지는 유대인들을 향해 이렇게 말하였다.

> "목이 곧고 마음과 귀에 할례를 받지 못한 사람들아 너희도 너희 조상과 같이 항상 성령을 거스르는도다" 행 7:51

그리고 〈다윗상〉에서 팔과 손이 비대칭적으로 크게 묘사된 이유를 알았다. 〈다윗상〉은 성경 속의 인물인 다윗을 묘사한 작품이지만 지극히 인간 중심인 작품이었다. 즉 하나님의 말씀에 순종하는 신앙인으로서의 다윗을 묘사한 것이 아니었다. 반대로 하나님을 배제하고 인간 스스로가 자기 인생의 중심이 되어 살아가는 모습을 표현한 것이었고, 인간의 우월성, 인간의 위대함을 드러내는 표현이었다. 한마디로 미켈란젤로의 〈다윗상〉은 대놓고 하나님은 필요 없다고 말하는 작품인 셈이다.

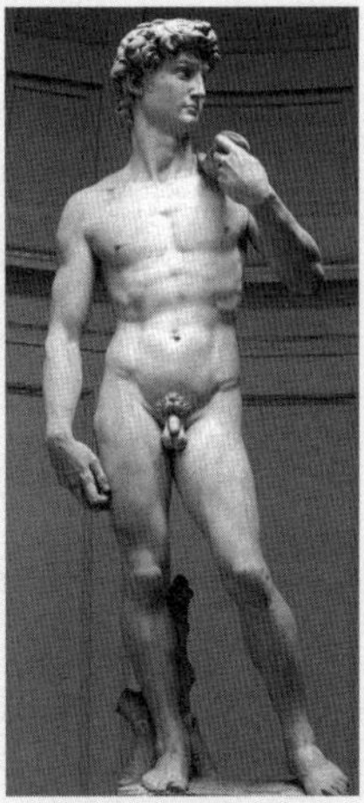

* 에베소(Ephesus)

사도 요한은 십자가 상에서 하신 예수님의 부탁에 따라 예수님의 모친 마리아를 모시고 이곳에 살면서 말년에 요한복음과 요한 서신(요1·2·3서)을 저술하였다. 바울은 2차 전도여행 시 이곳에 교회를 세우고 배를 타고 가이사랴로 갔으며, 3차 전도여행 시 다시 이곳을 방문하였다(행 18:19, 19:26; 고전 15:32; 딤후 1:18).

* 가이사랴(Caesarea): 틀이 많음

1. 위치와 개요

예루살렘 서북 113km 욥바의 북쪽 48km 지점 지중해 연안에 있는 항구이다. 로마 황제 가이사 아구스도를 존경하는 의미로 성 이름을 가이사랴라 부르고 팔레스타인을 지배하는 로마의 총독부와 병영을 두었으며, 사도시대에는 매우 번창했다. 현재에도 항만시설과 원형경기장과 화려했던 유적들을 볼 수 있다.

2. 관련 기사

① 빌립 집사가 거주한 곳(행 8:40) ② 고넬료의 집이 있던 곳(행 10:1) ③ 베드로의 선교지(행 10:23~43) ④ 바울이 2년간 구금된 곳(행 18:24~27).

이곳은 일곱 집사 중 한 명인 빌립이 처음으로 복음을 전한 곳이다. 그리고 베드로가 이방인 고넬료의 초청을 받아 그의 집에 찾아가서 복음을 전하고 세례를 베푼 곳이기도 하다(행 10장). 바울은 전도여행 중 이곳을 세 번 방문하였고, 2차 전도여행 때도 이곳에서 안디옥으로 떠나면서 여행을 마감했다.

3.
2차 전도여행의 특징 및 의의

첫째, 바울의 선교 대상 지역이 소아시아에서 유럽으로까지 확장되었다. 물론 바울은 수리아와 길리기아의 여러 교회들 및 1차 전도여행 시 세웠던 남부 갈라디아의 여러 교회들을 돌아보는 것을 잊지 않았다. 바울이 이미 세워진 교회들을 굳게 하여 더욱 성장할 수 있도록 돌아본 것(행 15:41, 16:5) 역시 중요한 의미를 지닌다.

그러나 바울의 2차 전도여행에서 보다 중요한 의의는 바울이 에게해를 건너 마게도냐와 아가야 지방에까지 복음을 전하였다는 것이다. 이로써 사도행전 1장 8절의 주님의 지상 명령에 따라 예루살렘으로부터 시작된 복음 전파의 역사가 대륙을 건너 세계 문화의 중심지인 헬라까지 그 영역을 크게 넓히게 되었다.

둘째, 바울의 2차 전도여행 또한 성령님의 주도였다. 바울은 이방인의 사도로 복음 전파의 열정은 충만하였지만 현 상황에서 유럽으로 건너가 복음을 전해야 한다는 생각까진 하지 못했다. 그러나 성령께서 소아시아에서 더 이상 복음을 전하지 못하게 하시고 소아시아 북서쪽의 비두니아로도 가지 못하게 하셨다(행 16:7). 그리하여 바울은 여행 진로를 자신이 애초에 의도했던 곳과 정반대 방향인 에게해 연안의 드로아로 향했고, 거기서 마게도냐인의 환상을 봄으로써 유럽 선교를 결정하게 된 것이다. 곧 유럽 선교의 방향을 정하신 분은 바로 성령이셨으며, 바울은 성령의 지시에 순종한 것일 뿐이었다.

이 사실은 선교사역의 주도권이 성령님께 있다는 것을 잘 가르쳐 준다. 우리가 사도행전을 통해서 배워야 할 중요한 주제는 '성령님의 이끄심과 인간의 순종'일 것이다. 사도행전은 성령의 주도와 사도들의 순종에 따른 복음사역을 보여주는 책이다. 비단 선교뿐 아니라 복음사역 전체가 인간의 힘이나 지혜나 능력만으로는 결코 수행될 수 없다. 인간의 힘과 지혜나 능력이 복음사역에 유용한 것은 오직 인간이 성령의 뜻에 순종하는 경우에만 가능하다. 따라서 얼마나 성령에 민감히 반응하고 순종할 수 있는가 하는 것이야말로 능력 있는 복음사역자가 되기 위한 최대의 관건이다.

사도 바울과의 인터뷰 23

왜 인생의 가장 큰 지혜가 선택일까요?

"인생을 살면서 가장 중요한 것이 있다면 무엇일까요?"

내가 사도 바울에게 물었다. 그러자 그는 단호한 어조로 말했다.

"선택일세. 인생은 수없는 선택의 연속인데 어떤 상황에 어떤 선택을 하는가에 따라 인생이 달라지지. 그러니까 가장 지혜로운 사람은 가장 현명한 선택을 하는 사람이라네."

그러면서 계속 말했다.

"하룻밤의 꿈이 인류의 역사를 뒤바꾸기도 한다네."

나는 그가 마게도냐 환상을 두고 말한다는 것을 금방 알아차렸다.

"마게도냐 사람이 아니라 자네와 똑같이 생긴 극동아시아의 사람이 꿈에 나타나 도와달라고 했다면 나는 아마도 극동아시아 지역으로 갔겠지. 순간의 선택과 결정이 얼마나 큰 영향을 끼치는지를 볼 수 있었어. 유럽이 먼저 복음화된 것은 전적으로 성령님의 이끄심이었다네. 그 영역은 전적으로 그분의 섭리이니 우리야 그저 따를 수밖에 없지."

사도 바울의 말을 들으면서 나는 실존주의 철학자 사르트르의 "인생이란 B(birth)와 D(death) 사이의 C(choice)이다"라는 말을 생각했다. 한국에서도 모 가전제품 광고 카피 중에 "순간의 선택이 10년을 좌우합니다"가 있었다. 그런데 복음은 "순간의 선택이 평생을 좌우한다"를 넘어 "순간의 선택이 영원을 좌우한다"라고 외쳐야 할 것이다.

Ⅳ

사도 바울의 3차 전도여행

사도 바울의 3차 전도여행은 시기적으로 주후 53~58년 사이 약 5년이 소요된 여정이었다. 여행 지역은 2차 전도여행 때와 비슷하다. 다만 2차 전도여행 당시에서는 아가야 지방에서 바로 배를 타고 에베소를 거쳐 가이사랴에 도착하였으나, 3차 전도여행 때에는 아가야에서 역순으로 마게도냐를 돌아 드로아를 거쳐 가이사랴에 도착하였다. 따라서 3차 전도여행의 여행 거리는 2차 전도여행 때의 4,500~5,600km보다 더 늘어났던 것으로 추정된다.

3차 전도여행의 특징은 우선 1차와 2차 전도여행 시 개척하였던 교회들을 돌아보며 굳게 세웠다는 점이다. 그리고 약 3년에 걸쳐 에베소에서 장기 사역을 한 것이다. 약 6년에 걸친 여행 기간 중 장기간의 이동 시간을 고려하면 바울의 3차 전도여행은 에베소(Ephesus) 중심이었다.

3차 전도여행은 2차 전도여행 종료 후 곧바로 진행되었으므로 2차 전도여행의 연장선에 있다. 사도 바울은 이 시기에 에베소를 중심으로 하는 사역에 심혈을 기울였으며, 그의 사역은 죽은 유두고를 다시 살려내는 기적으로 정점에 이른다.

복음은 씨앗을 뿌리는 것만을 지칭하지 않는다. 씨앗을 뿌렸다면 싹이 났는지 살펴보아야 하고, 지속적으로 성장시켜 꽃을 피우고 열매를 맺도록 해야 한다. 심은 농작물 외에 다른 잡초가 나지 않았는지 살펴보고 잡초가 났다면 제거해야 한다. 갈라디아서는 사도 바울이 잡초를 뽑는 것과 같은 편지였다. 이방인들로 구성된 그리스도인이 주축이었던 갈라디아 교회에 그릇된 교리로 교인들을 선동하는 이들이 생겨났다. 그들은 신앙을 완성하기 위해서는 구약의 율법을 지켜야 하고 할례를 받아야 한다고 주장했다. 이에 바울은 편지를 써서 그에 대한 신학적 논증과 갈라디아 교인들을 향한 호소를 피력하고 있다.

언젠가 나는 집에서 부추를 길러 먹었다. 가로 60cm, 세로 40cm 정도의 사각 스티로폼에다 흙을 깔고 부추 모종을 사다 심었다. 처음에는 무럭무럭 잘 자랐다. 무척 신기했다. 어느 정도 자란 부추를 잘라 전을 부쳐 먹거나 반찬으로 만들어 먹는 재미가 쏠쏠했다. 그런데 몇 번 잘라먹고 나니 부추의 성장이 눈에 띄게 더뎠고, 머리칼처럼 가늘어졌다. 농사짓는 분들에게 물었더니 그분이 웃으면서 주지는 않고 빼먹기만 하면 그런 현상이 생긴다고 하였다.

시골에선 부추를 한 번 베어 내고 나면 거기에 재를 뿌리거나 다른 퇴비를 주어서 영양분을 공급해 준다는 것이다. 나는 그 작업을 하지 않았다. 사도 바울의 3차 전도여행도 이처럼 복음을 전파하는 과정에서 생긴 교회들에게 양분을 주고 튼실하게 자라도록 하는 여정이었다.

> "얼마 있다가 떠나 갈라디아와 브루기아 땅을 차례로 다니며 모든 제자를 굳건하게 하니라" 행 18:23

특히 그 과정에서 물을 주는 역할을 한 사람이 있었는데 아볼로라는 사람이었다. 사도 바울은 그 역할도 가볍게 평가하지 않았다.

> "나는 심었고 아볼로는 물을 주었으되 오직 하나님께서 자라나게 하셨나니" 고전 3:6

1.
바울의 3차 전도여행 개요

바울은 2차 전도여행 직후 곧바로 3차 여행을 떠난다. 그는 또다시 1, 2차 전도여행지를 돌아보며 교회를 든든히 세웠다(행 18:23~21:26).

* 주후 53~58년
* 사도행전 18장 23절~21장 26절
* 출발지: 수리아 안디옥
* 여행자: 바울과 디모데

1) 여행 경로

안디옥 → 갈라디아, 브루기아(행 18:22~23) → 에베소(행 19:1): 장기간에 걸친 에베소 사역(행 19:1~20) → 마게도냐, 헬라(행 20:1~2) → 빌립보, 드로아(행 20:6): 드로아에서 죽은 유두고를 살림(행 20:7~12) → 미둘레네(행 20:14), 사모, 밀레도: 밀레도에서 에베소 장로들과의 작별(행 20:17~38) → 고스, 로도, 바다라, 두로(행 21:1~3) → 가이사랴, 예루살렘(행 21:7, 15): 가이사랴에서 선지자 아가보의 예언(행 21:8~14)

바울의 3차 전도여행도

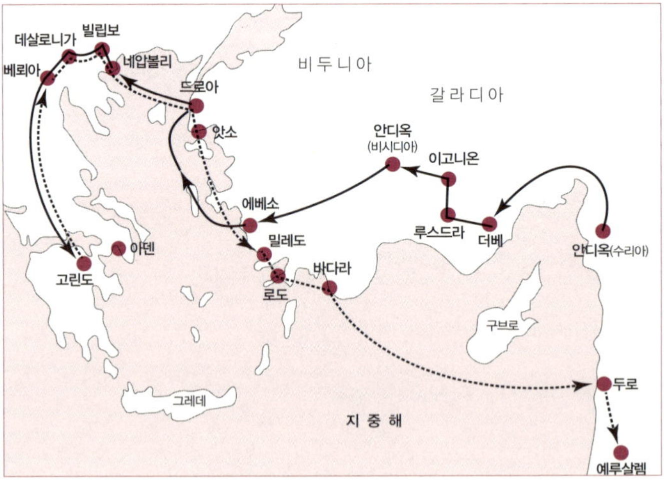

2) 여행지에서 생긴 일

① 갈라디아, 브루기아 지역에서 제자들을 찾아다니며 믿음을 굳게 하였다.

② 에베소에서 세례를 주고 안수할 때 성령이 강림하여 방언과 예언과 치유와 악귀가 떠나는 일들이 일어났다.

요술객들이 요술서를 소각하고 예수를 믿었다.

아데미 신상을 파는 데메드리오가 주동이 되어 바울을 죽이려는 폭동을 일으켰다.

바울이 에베소를 떠났다.

바울은 에베소에 3년간 머무는 동안 고린도전서를 기록했다.

③ 드로아에서 바울이 강론할 때 유두고가 3층 창틀에서 졸다가 떨어져 죽었으나, 바울이 그를 살려냈다.

④ 밀레도에서 에베소 장로들을 불러 권면하고 기도했다.

⑤ 가이사랴에서 전도자 빌립의 집에 머물 때에 선지자 아가보가 와서 바울이 예루살렘에서 결박당할 것을 예언하였다.

⑥ 예루살렘에서 선교보고를 하였다.

아시아에서 온 유대인들의 모함으로 결박당하였다.

※ 예루살렘 성전에서 결례를 행하다가 체포된 바울이 예루살렘 공회에서 변론하였다(행 21:27~23:11).

암살을 피해 가이사랴로 이송되었다(행 23:12~35).

가이사랴에 2년 구류 당하였다(행 24:1~25:8).

황제에게 제소하여 로마로 가게 되었다(행 25:9~26:32).

2.
3차 전도여행의 거점 도시

* 갈라디아(Galatia): 젖처럼 희다

1. 위치

소아시아의 중앙부에 위치한 고원지대이다. 주전 270년경에 꼬을족이 침입하여 헬라인과 동거하게 되어 지명을 '꼬을헬라'라 하다가 후에 '갈(꼬을)라(헬라) 디아'라 개칭하였다. 예수님 시대에는 로마의 점령지였고, 그 다음에는 터키의 점령지로 오늘날에 이른다.

2. 관련 기사

① 바울이 전도여행 때 다녀간 곳(행 16:6, 18:23) ② 베드로전서와 연관된 곳(벧전 1:1) ③ 교회가 세워진 곳(고전 16:1) ④ 바울 서신 갈라디아서를 수신한 지역(갈 1:2)

우선 첫 문단인 사도행전 18장 23~28절은 바울의 세 번째 전도여행이 시작되었음을 간략히 보도한다. 1차 전도여행 때 개척한 남부 갈라디아 지방의 교회들을 순회하는 것으로 여행을 출발하였다. 뒤이어 일종의 삽입 기사로 아볼로(Apollos)의 사역을 소개하였다. 이 위치에서 아볼로의 사역을 소개하는 것은 뒤이어 기록된 바울의 에베소 사역과 관련이 있기 때문이다.

* 에베소(Ephesus): 인내

1. 위치

로마제국 아시아도의 수도이다. 항구도시로 정치, 교통, 상업, 종교의 중심지. 밀레도 북쪽, 서머나의 남쪽에 있다.

2. 관련 기사

① 유대인의 회당이 있던 곳(행 18:19) ② 사도 바울이 2차 전도여행 때 방문하여 유대인과 변론한 곳(행 18:19) ③ 바울이 브리스길라와 아굴라를 머물게 하였다(행 18:18~19). ④ 아볼로가 방문하여 전도한 곳(행 18:24~28) ⑤ 바울이 재차 방문하여 전도한 곳(행 19:1~10) ⑥ 두란노 서원에서 사도 바울이 강론했다(행 19:9). ⑦ 바울의 소지품으로 인하여 기적이 일어났다(행 19:10~12). ⑧ 마술을 하던 자들이 회개했다(행 19:13~20). ⑨ 은장색 데메드리오의 소동(행 19:23~29) ⑩ 알렉산더가 우상숭배자의 소요를 진정시켰다(행 19:30~41). ⑪ 바울이 밀레도에서 에베소 장로들을 청했다(행 20:17~38). ⑫ 바울이 로마의 옥중에서 에베소서를 기록하여 두기고를 통해 전달하였다(엡 1:1, 6:21). ⑬ 디모데가 머물러 사역한 곳(딤전 1:3; 딤후 1:18) ⑭ 두기고가 에베소를 방문하였다(딤후 4:12). ⑮ 아시아 일곱 교회 중 하나(계 1:11, 2:1~7) ⑯ 사도 요한이 이 성에 오랫동안 감독으로 있었으며, 요한복음과 세 서신을 발송하고 밧모 섬에서 계시를 받아 이곳 교회에 보냈다(계 1:11, 2:1). ⑰ 디모데, 아굴라, 브리스길라, 아볼로, 두기고 등이 이곳 교회의 교역자였다(딤전 1:3; 행 20:4; 딤후 4:12). ⑱ 오네시보로 그리고 알렉산더, 데메드리오, 스게와의 아들들, 후메내오, 부겔로, 허모게네, 드로비모 등의 고향이다(행 19:4, 14, 24; 딤후 1:15-18, 4:14; 딤전 1:20).

다음으로 사도행전 19장 1~41절의 네 문단은 바울의 에베소 사역을 보도한다. 에베소는 바울이 2차 전도여행을 마치고 귀환하던 길에 잠시 방문하였던 곳으로서, 하나님의 뜻이면 다시 돌아오리라는 기약을 남기고 떠났다(행 18:21). 바울은 그 기약대로 남부 갈라디아 지방 순회를 마친 뒤 곧바로 에베소로 직행하여 사역을 시작한다. 에베소에 도착했을 때 바울은, 요한의 세례만을 받았을 뿐 진정한 그리스도인이라는 증거가 없는 '제자들'을 만났다. 이들이 성령에 대해 무지했던 것은 아마도 전에 이곳에서 성령에 대한 지식 없이 사역했던 아볼로의 영향 때문이었을 것이다(행 18:25).

많은 사람들이 에베소의 제자들이 받은 '요한의 세례'(the Baptism of John)를 오해하고 복잡한 설명을 하고 있으나, 한마디로 요한의 세례는 그리스도교 세례가 아니다. 그리스도교 세례(the Christian Baptism)는 예수 그리스도로 말미암아 구속사역이 이미 성취된 것을 믿는 자가 받는 세례이다. 그러나 요한의 세례는 단지 그리스도가 오시기를 대망(待望)하며 회개하는 차원의 의미에서 받은 세례일 뿐이었다. 다시 말해서 에베소의 제자들은 그리스도를 대망하고는 있었으나, 그리스도께서 이미 오셔서 구속사역을 성취하셨다는 것과 구속사역 성취의 결과 모든 믿는 자에게 성령을 선물로 부어 주시는 것에 대해 알지 못했던 것이다.

이에 바울은 세례 요한이 증거한 그리스도가 곧 예수이심을 설명해 주었으며, 바울의 메시지를 들은 에베소인들은 '주 예수의 이름으로' 세례를 받았다. 주 예수의 이름으로 세례를 받은 이들에게 성령이 임했다는 것은 이제 그들이 진정한 의미에서 그리스도인들이 되었다는 것을 보여주는 것이다.

사도행전 19장 8~20절의 문단은 두란노 서원(the lecture hall of Tyrannus)에서의 사역을 중심 내용으로 보도하고 있다. 회당에서 3개월간 사역하면서 유대인들의 반대에 부딪친 바울은 사역 장소를 두란노 서원으로 옮겼는데, 거기서 2년 동안 날마다 강론하였다. 이 두란노 사역 기간 동안 굉장한 주의 역사가 일어난다. 첫째, 유대인이나 헬라인을 막론하고 아시아(the Province of Asia Minor)에 사는 자들이라면 거의 모든 사람이 복음을 듣게 되었다(10절). 둘째, 심지어 바울의 손수건이나 앞치마를 가져다가 병자에게 얹기만 해도 치유될 만큼 하나님께서 바울을 통해 큰 이적의 권능을 행하게 하셨다. 셋째, 에베소의 마술을 행하는 자들이 마술책을 5만 드라크마어치나 불태울 정도로 대대적인 회개의 역사가 일어났다. 이 문단의 말미에 "주의 말씀이 힘이 있어 흥왕하여 세력을 얻으니라"는 저자의 보고는 두란노를 본부로 한 에베소의 말씀 사역이 소아시아 전역에 얼마나 큰 파장을 미쳤는지를 요약적으로 제시해 주고 있다.

한편, 이처럼 엄청난 말씀 사역이 일어나자 사탄의 훼방이 나타났다. 이는 19장 23~41절에 소개되고 있는데, 바울의 복음사역으로 경제적으로 타격을 입은 데메드리오를 중심으로 한 에베소 은장색(silversmith)들의 소요였다. 온 에베소를 떠들썩하게 한 소요가 있은 뒤, 이제 바울은 자신의 선교 비전(21절)에 따라 에베소를 떠나 마게도냐로 향하였다.

* 마게도냐(Macedonia): 숭배

1. 위치

① 아가야(그리스) 북부 빌립보, 데살로니가, 베뢰아 등이 모두 그 지방에 속하였다(행 16:9). ② 로마의 속주로 데살로니가에 수도를 두고 총독이 지배하였다.

2. 관련 기사

① 밤에 환상을 보고 바울이 유럽 선교를 시작할 때 시발국이 되었다(행 16:9~10). ② 바울 일행이 빌립보를 지나 마게도냐로 갔다(행 16:12). ③ 실라와 디모데가 마게도냐에서 바울에게로 갔다(행 18:5). ④ 바울의 유럽 선교와 아시아 선교의 왕래지(행 19:21) ⑤ 디모데와 에라스도를 마게도냐로 파견했다(행 19:22). ⑥ 에베소의 소요가 진정된 후 바울이 찾아간 곳(행 20:1) ⑦ 바울이 유대인을 피하여 돌아간 곳(행 20:3) ⑧ 예루살렘의 가난한 성도를 도왔다(롬 15:26). ⑨ 선교 동역자를 편하게 쉬도록 하였다(고후 7:5, 11:9). ⑩ 하나님께서 마게도냐 교회에 많은 은혜를 주셨다(고후 8:1).

* 아가야(Achaia): 형제

1. 위치와 개요

① 그리스 전 국토를 통괄하는 한 국가(주전 7,8세기) ② 고린도의 주권 아래 있던 아가야 동맹국이 로마에 패한 후 로마의 지배하에 들어갔다(주전 146). ③ 로마는 아가야를 마게도냐와 병합하였다. ④ 주전 27년 아구스도가 황제가 되어 마게도냐와 아가야로 분할하여 아가야를 원로원 직할령으로 했다.

2. 관련 기사

① 예수님 당시 고린도를 수도로 하여 갈리오 총독이 통치했다(행 18:17). ② 사도 바울이 서신을 보낸 지역(고후 1:1) ③ 아가야의 첫 열매인 스데바나의 고향(고전 16:15) ④ 이 지방에는 고린도, 아덴, 기타 유대인들의 거주지가 있었다(행 17:17, 18:4, 7). ⑤ 아가야 성도들은 마게도냐인과 함께 어려움을 당하는 예루살렘 교회의 가난한 성도들에게 헌금하였다(롬 15:26). ⑥ 아볼로가 계속 사역한 곳(행 18:27) ⑦ 옛 이름은 헬라이다(행 20:2). ⑧ 주의 말씀이 전파되었다(살전 1:7~8).

이어 사도행전 20장 1~6절은 에베소를 떠난 바울이 마게도냐와 아가야 지방으로 가서 사역한 후에 다시 마게도냐를 거쳐 드로아로 오기까지의 여정을 소개하고 있다. 누가는 이 여정을 매우 간략하게 소개하고 있으나, 사실 이 여정은 고린도에서의 약 3개월간의 사역을 비롯하여 약 1년여가 소요되었을 것이다.

한편 바울의 본래 계획은 2차 전도여행 당시와 마찬가지로 아가야 지방에서 배를 타고 바로 수리아로 귀환하는 것이었다. 그러나 바울은 유대인들의 살해 음모로 인해 불가피하게 여행 계획을 수정하였다. 즉 바울은 왔던 길을 되돌아 마게도냐와 드로아를 거쳐 귀환하는 길을 택하였다.

이어 사도행전 20장 7~12절에서는, 드로아에서 일주일 동안 머물던 기간에 발생했던 일로, 3층에서 떨어진 유두고 청년을 바울이 소생시킨 사건을 소개하고 있다.

사도 바울과의 인터뷰 24

왜 인간이 멈추면 하나님도 멈추실까요?

"최근 한국교회에선 더 이상 기적이 없다고들 한탄합니다. 왜 그럴까요?"

그러자 사도 바울이 당연한 것을 묻고 있다는 듯 천천히 말했다.

"기적이 사라진 게 아니라 기적이 나타날 일을 하지 않는 거네."

"사도 바울 님의 사역에선 죽은 사람을 살려내는 기적도 있었잖아요?"

"유두고를 살린 기적은 정말 놀라운 일이었지. 그런데 복음을 전하는 곳에서는 그런 기적이 얼마든지 일어난다네. 기적이 일어나지 않는 것은 복음을 전파하지 않고 있다는 말로 해석해도 좋아. 복음은 하나님의 일이지."

최근 한국교회에서는 더 이상 기적이 많이 일어나지 않는다고들 한다. 그것은 복음에 대한 열정이 식어서일 것이다. 지금도 선교사님들의 선교사역 보고를 들어 보면 선교지 현장에서는 기적들이 일어난다고 한다. 복음이 전파되는 곳이라면 성령님이 역사하시는 곳이고, 따라서 기적이 일어나는 것이다. 그러므로 기적을 경험하고 싶다면 전도의 열정을 가지고 기적의 현장으로 가야 할 것이다. 기적 자체가 목적은 아니지만 하나님의 일에는 기적이 동반되는 것이 사실이다.

따라서 기적이 사라진 것이 아니라 우리가 일을 안 하고 있다고 해석해야 맞을 것이다. 그러니 기적이 없다고 한탄할 것이 아니라, 내가 해야 할 일인데 하지 않고 있는 일이 무엇인지를 먼저 살펴보아야 한다. 하나님의 사역은 인간을 통해서 이뤄진다. 인간이 일하기를 멈추면 하나님도 멈추실 수밖에 없다.

* 밀레도(Miletus): 피난민

1. 위치

소아시아 서해안에 있는 요항으로 옛날 아니오니아국의 수도였고, 에베소 다음으로 번화한 곳이었다.

2. 관련 기사

① 바울이 에베소 교회의 장로들을 청하여 권면을 한 곳이다(행 20:17~35). ② 드로비모는 병 때문에 이곳에 남았다(딤후 4:20).

사도행전 20장 13~38절에서는 드로아를 떠난 바울이 밀레도(Miletus)에 이르는 여정을 소개한 뒤, 밀레도에서 에베소 교회 장로들을 청하여 에베소 교회를 위한 고별 설교를 하는 내용을 보도하고 있다. 이 고별 설교는 3년에 걸친 에베소 사역에 대한 회고, 에베소 교회의 미래 예언과 장로들을 향한 권면과 당부, 바울 자신의 장래 예고와 각오 등, 새로운 미래의 일들을 예감하는 가운데 3차 전도여행을 마치고 귀환하는 사도 바울의 복합적인 심경을 잘 보여주고 있다.

사도 바울과의 인터뷰 25

왜 자신의 마지막을 알면서도 그 길을 가나요?

"사도 바울 님은 인생의 마지막 순간이 어떨지 이미 알고 에베소를 떠나셨는데 그때의 심정이 어떠셨어요?"

사도 바울은 대답 대신 이렇게 말했다.

"사람은 마지막이 아름다워야 해."

사도 바울은 회상하듯 잠시 눈을 감았다 다시 말을 이었다.

"에베소에서 고별 설교를 하면서 '내가 다시 전도여행을 할 수 있을까?' 라는 생각이 들더군. 어쩌면 나의 마지막은 전도가 아니라 나 자신을 하나님께 제물로 드리는 것이라고 믿어. 나는 그것을 꿈꾸며 살아왔다네."

나는 에베소에서 고별 설교를 할 때 사도 바울의 심정은 어땠을까 생각했다. 만약 내가 고별 설교를 하게 된다면 나는 무슨 말을 할까? 스스로 뿌듯하게 여길 만큼의 열매를 거두었을까? 평생을 수고하고 헌신했는데 그 열매가 없다면 얼마나 허망할까? 바울은 디모데에게 보낸 편지에서 자신의 마지막이 하나님을 위한 순교의 제물이기를 열망했다.

"전제와 같이 내가 벌써 부어지고 나의 떠날 시각이 가까웠도다" 딤후 4:6

또한 바울은 일찍이 빌립보 교회에 보내는 편지에서 자신을 관제로 드리는 일이 있더라도 기뻐하겠노라며 빌립보 교인들의 헌신을 인정하고 칭찬하였다.

"만일 너희 믿음의 제물과 섬김 위에 내가 나를 전제로 드릴지라도 나는 기뻐하고 너희 무리와 함께 기뻐하리니" 빌 2:17

마지막으로 사도행전 21장 1~16절은 밀레도에서 가이사랴(Caesarea)까지의 여정을 다루고 있다. 이 과정에서 환난에 대한 거듭된 예언과 만류를 무릅쓰고 예루살렘으로 향하는 바울의 결연한 의지가 나타나고 있다.

한편, 우리가 바울의 3차 전도여행에 대한 보도 부분을 통해서 되새김질해야 할 것은 바로 사도 바울의 불타는 선교 비전과 복음의 열정이다. 저자 누가는 3차 전도여행에 관한 기사에서 복음 증거자로서 바울의 개인적인 면모와 자세를 곳곳에서 보여주고 있다. 특히 밀레도에서의 고별 설교와 예루살렘 귀환 과정에서 겪었던 일들은 바울이 이방인의 사도로 부름 받은 자신의 사명에 얼마나 충실했는지를 여실히 보여주는 대목이다.

사도 바울과의 인터뷰 26

왜 부정적인 사람은 늘 부정적일까요?

"회의를 하면 사사건건 트집을 잡거나 딴죽을 거는 사람들이 있어요. 도대체 그 사람들은 왜 그럴까요?"

내 동기들 중에 주일 사역 중에 회의만 없어도 살겠다고 푸념하는 이들이 더러 있었다. 왜 하필 가장 은혜로워야 할 주일에, 그것도 대예배를 앞둔 시간에 당회라든지 다른 회의를 열어 의욕을 꺾는지 모르겠다며, 자기 교회는 회의가 너무 많아 회의적이라고 너털웃음을 웃었다.

사도 바울이 말했다.

"부정적인 사람은 자기가 가진 '틀'이 많아서 그렇다네. 그래서 사사건건 틀리다고 말하는 사람은 자기가 먼저 틀렸다는 걸 모르는 것이지."

어쩌면 바울 자신이 예수의 복음 전도자가 되기 이전에 예수를 핍박했던 주체였음을 회상하면서 말하고 있는지도 모른다.

"가이사랴라는 지명이 '틀이 많음'이라는 것인데, 나는 내가 가진 '틀' 때문에 그리스도를 핍박하던 사람이었어. 그 틀을 벗고 새로운 '틀'(frame)을 갖게 되어 새로운 세상을 살게 된 거야. 우리가 전파하는 복음은 멸망의 '틀'을 가진 사람들에게 영생이라는 새로운 '틀'을 소개하는 과정이라네. 틀에 묶인 사람은 그만큼 힘들지."

나는 사도 바울의 말을 듣고 나의 '틀'에 대해서 생각해 보았다. '틀'이 있으니 '틀리다'는 말이 나온다고 하는데, 나는 내가 가진 '틀'로 얼마나 많은 사람들을 함부로 평가하고 재단했을까? 스스로 반성해 본다. 그러면서 케케묵은 '틀'은 벗어던지고 좀 털털한 사람으로 살기로 했다.

* 예루살렘(Jerusalem): 평화의 터

1. 위치

유다와 베냐민 두 지파의 경계선상에 있으며 지중해, 헤브론, 요단 강, 사마리아를 접경으로 삼고 있다(수 10:1).

2. 구약 관련 기사

① 다윗 왕조의 수도(삼하 5:5) ② 다윗이 골리앗의 머리를 이곳으로 가져왔다(삼상 17:54). ③ 다윗이 여부스 세력을 멸절하였다(삼하 5:7~9). ④ 다윗 성이라 명명하였다(삼하 5:7~9). ⑤ 다윗이 언약궤를 가져왔다(삼하 6:12~17). ⑥ 다윗 왕의 인구조사 때문에 내려진 온역의 재앙에서 구원받았다(삼하 24:16). ⑦ 솔로몬 왕이 성전을 건축하였다(왕상 5:5~8). ⑧ 르호보암 왕 때에 애굽과의 전쟁에서 수탈 당하였다(왕상 14:25~26). ⑨ 이스라엘 왕 요아스 군대에게 약탈당하였다(왕하 14:13~14). ⑩ 앗수르 왕 산헤립의 침략에서 기적적으로 구원받았다(왕하 19:31~36). ⑪ 여호야김 때에 주권을 애굽 왕에게 빼앗겼다(왕하 23:33~35). ⑫ 여호야긴 때에 바벨론 왕 느부갓네살의 공격을 받았다(왕하 24:10~11). ⑬ 아하스 왕 때 아람 왕 르신의 침략을 받았다(사 7:1). ⑭ 웃시야 왕 때에 지진이 일어났다(암 1:1). ⑮ 시드

기야 왕 때에 바벨론 느부갓네살 왕에게 함락되었다(렘 39:1~8). ⑯ 70년 동안 황폐해졌다(렘 25:11~12). ⑰ 고레스가 성전 재건을 허락하였다(대하 36:23). ⑱ 바벨론 포로생활을 청산하고 귀국한 백성들이 성전을 재건했다(스 1:1~4). ⑲ 성전건축이 방해받았다(스 5:1~17). ⑳ 예루살렘 성곽 낙성(느 12:27~47).

3. 신약 관련 기사

① 예수님의 탄생 소식을 듣고 소동했다(마 2:1~3). ② 예수님께서 모세의 법을 따라 결례를 받으셨다(눅 2:22). ③ 시므온이 예수님을 반기고 예언하였다(눅 2:25). ④ 예수님께서 열두 살 때 올라가신 곳(눅 2:41~45) ⑤ 헤롯이 46년 동안 성전을 증축하였다(요 2:20). ⑥ 예수님이 여기서 많은 이적을 행하셨다(요 4:45). ⑦ 예수님이 성을 보고 우셨다(눅 19:41~42). ⑧ 멸망이 예고되었다(눅 19:43~44). ⑨ 예수님이 예루살렘의 멸망을 슬퍼하셨다(마 23:37~38). ⑩ 그리스도의 복음이 전파되었다(눅 24:47). ⑪ 오순절 성령 강림 후 교회가 세워지고 선교 활동의 근원지가 되었다(행 2:1~47). ⑫ 기독교인들이 박해를 받았다(행 4:1~30). ⑬ 박해로 인하여 교인들이 사방으로 흩어졌다(행 8:2~5). ⑭ 전도하려고 떠난 사도들이 귀환했다(행 8:25). ⑮ 에디오피아의 내시 간다게가 예배하러 왔다가 돌아가는 길에 빌립을

만나 세례를 받았다(행 8:27). ⑯ 핍박자 사울이 예루살렘 교회의 일원이 되었다(행 9장). ⑰ 사도들의 총회가 열렸다(행 15:1~29). ⑱ 바울이 방문하였다(행 20:16). ⑲ 바울이 천부장에게 잡혔다(행 21:30~36). ⑳ 바울이 벨릭스 총독에게 압송되었다(행 23:12~33).

이미 바울은 에베소 사역이 종결될 즈음에 예루살렘을 거쳐 "로마도 보아야 하리라"는 비전을 가졌다(행 19:21). 바울은 '심령에 매임을 받아', 곧 성령에 이끌려 예루살렘으로 향하였다(행 20:22). 바울은 예루살렘을 거쳐 로마에 갈 것을 계획하였다. 예루살렘에서 무슨 일이 있을지는 구체적으로 알 수 없었다. 다만 순탄한 미래가 아니라 결박(結縛)과 환난(患難)이 기다리고 있다는 것을 감지할 뿐이었다(행 20:22~23). 더욱이 예언자 아가보가 예루살렘에서의 바울의 결박을 분명히 예고하자 형제들은 울며 바울의 예루살렘행을 적극 만류하였다(행 21:10~13). 그러나 바울은 결박과 환난이 기다리고 있어도 예루살렘행은 성령의 뜻이며, 또 그곳에서 자신의 복음사역이 종결되지는 않을 것을 알고 있었다. 예루살렘행이 성령의 또 다른 인도를 받기 위해 반드시 거쳐야 하는 과정이라면, 바울은 어떤 대가를 치르더라도 기꺼이 그 뜻에 순종하고자 했던 것이다.

바울이 밀레도에서 3차 전도여행을 마치고 귀환하면서 에베소 장로들에게 고별 설교를 한 시점은 주후 58년 이른 봄 무렵이다. 이 시점을 기준으로 바울의 인생을 돌아보면, 그가 다메섹 도상에서 부활하신 그리스도를 만나 회심한 지 20여 년이 지났으며, 이방인의 사도로 복음을 전하기 위해 3차에 걸쳐 전도여행을 다닌 지 10여 년이 지난 시점이었다. 이때 그의 나이는 쉰을 훨씬 넘긴 지긋한 중년이었다. 바로 이 시점에 바울이 어떤 고백을 하는지 들어보자.

> "내가 달려갈 길과 주 예수께 받은 사명 곧 하나님의 은혜의 복음을 증언하는 일을 마치려 함에는 나의 생명조차 조금도 귀한 것으로 여기지 아니하노라" 행 20:24

놀랍게도 바울은 그가 마지막으로 쓴 디모데후서에 이런 고백을 남긴다.

"나는 선한 싸움을 싸우고 나의 달려갈 길을 마치고 믿음을 지켰으니 이제 후로는 나를 위하여 의의 면류관이 예비되었으므로 주 곧 의로우신 재판장이 그날에 내게 주실 것이며 내게만 아니라 주의 나타나심을 사모하는 모든 자에게도니라" 딤후 4:7~8

바울의 달려갈 길은 아직 남아 있었다. 그리고 바울은 그 남은 길을 후회 없이 달렸다. 사도행전의 남은 부분은 바울이 "내가 달려갈 길을 마쳤다"라고 말할 때까지 그가 복음 전도자로서 남은 길을 어떻게 달려가는지를 보여줄 것이다.

우리는 과연 지금 사도행전 20장 24절의 고백을 할 수 있는가? 그리고 인생길을 다 마쳤을 때 디모데후서 4장 7~8절의 고백을 할 수 있을 것인가? 복음 전도자로 부름을 받은 자라면, 바울의 가슴속에 불타던 그 복음의 열정과 선교의 비전을 구하고 또 구해야 하지 않겠는가!

바울은 1차, 2차 전도여행을 마친 후에 그것을 경험으로 3차 전도여행을 시작했다. 그는 전도 사명을 확실하고 굳건하게 하기 위하여 머리를 깎고 서원했다. 전도하면서도 하나님의 뜻을 최우선으로 삼았다. 그리고 3차 전도여행 때에는 1차, 2차 전도여행 때에 세운 교회를 다시 방문하면서 제자들을 격려하고 신앙을 굳건하게 했다.

우리들도 주님으로부터 받은 사명을 충성스럽게 감당해야 하며, 주의 뜻이라면 절대 순종하는 자세를 가지고 믿음을 굳건히 다짐해야 하겠다.

사도 바울과의 인터뷰 27
왜 죽는 순간에도 홀가분할 수 있나요?

"스데반 집사가 순교하는 장면을 보셨지요? 그때 그 얼굴에서 광채가 났다고 하는데 어떻게 그것이 가능할까요?"

"천국에 대한 확실한 소망이 있기 때문이지. 스데반은 순교하는 순간에 하늘 보좌를 보았기에 기쁨 가운데 최후를 맞을 수 있었어. 동시에 그 순간 그는 정말 홀가분했을 거라는 생각을 해 본다네."

천국에 대한 소망의 기쁨으로 충만했다는 것, 얼굴에 광채가 났다는 것은 이해가 되었다. 그런데 홀가분했다는 그 말은 쉽게 이해되지 않았다. 눈치 빠른 사도 바울이 이어 말했다.

"나는 주께서 십자가상에서 마지막 남긴 말씀이 '다 이루었다'라는 말씀이었음을 기억하고 있다네. 나 역시 그렇게 말할 수 있는 삶의 주인공이길 기도했지. 고맙게도 나는 나 스스로 돌아보아도 그렇게 자신 있게 말할 수 있었다네. 인생을 헛되게 산 게 아니었지. 그래서 죽는 순간에도 홀가분할 수 있어."

무언가를 이루었다는 느낌, 마땅히 할 일을 했다는 느낌, 수고와 땀을 통해서 만든 결과물이 있다는 느낌은 사람을 참 행복하게 한다. 나는 그 첫 느낌을 군 입대해서 훈련을 받을 때 느꼈다. 하루 종일 훈련을 마치고 돌아가는 길에서 군가를 부르는데 "보람찬 하루 일을 끝마치고서 두 다리 쭉 펴면 고향의 안방"이라는 가사였다. 그때 부른 군가의 가사가 그렇게 낭만적일 수가 없었다. 그 가사 하나하나가 마음에 와서 꽂혔다. 어딜 가서 무엇을 하든 주어진 일을 끝마치고 나야 두 다리 쭉 펴는 평안과 행복을 누릴 수 있다는 이야기가 아닌가. 지금 바울은 자신이 수고했던 일생을 정리하고 조만간 안방 같은 천국에서 두 다리 쭉 펴고 쉴 것을 열망하고 있지 않은가? 못내 부러웠다. 나도 그래야 할 텐데….

V

사도 바울의 마지막 전도여행

사도 바울과의 인터뷰 28
왜 핍박이 도리어 희망일 수 있나요?

사도 바울에게 생생하게 들려주고 싶은 음성이 있었다. 시간여행자의 특권이라는 게 무엇인가? 내가 원하는 시점으로 갈 수 있고, 누구든 만날 수 있다는 것 아닐까? 그래서 나는 사도 바울에게 들려줄 영상을 찍기 위해 마틴 루터를 찾아갔고, 루터와의 인터뷰를 사도 바울에게 보여주었다.

"이 사람은 누구인가?"

"마틴 루터라는 사람입니다. 지금 전하는 이 기독교가 313년 콘스탄틴이라는 황제에 의해 공식 종교로 인정됩니다. 밀란의 칙령(the Edict of Milan)이라고 합니다. 그때부터 지하에 있던 교회가 지상으로 올라오고 부흥기를 맞이합니다."

사도 바울의 얼굴에 잠시 기쁨이 생기는 듯하더니 이내 근심으로 바뀌었다.

"그 무시무시한 핍박이 끝나고 신앙의 자유를 얻은 것은 물론 공인된 종교가 되었다는 건 좋긴 한데…. 그렇게 되면 복음의 능력이 퇴색될 위험이 다분한데…. 나는 솔직히 걱정이 먼저 되는군. 사실, 나도 그렇지만 다른 사도들 역시 예수를 위하여 고난당하는 것을 영광으로 여겼다네. 그들은 채찍에 맞음으로써 더 기쁨이 충만했고, 자신들의 일에 더욱더 확신을 가지게 되었거든. 내가 그런 모습을 처음 본 건 스데반이 순교할 때였는데 얼마나 큰 충격이었는지 몰라."

"정확히 보셨습니다. 그 이후 유럽 전역에 기독교가 확산되긴 했는데 종교 지도자들은 도리어 점점 더 타락했고, 이에 더 이상 묵과할 수 없다고 판단한 루터라는 친구가 1517년 종교개혁을 일으키는 도화선에 불을 붙였습니다. 그런데 이 친구의 말을 들어 보면 그 도화선에 불을 붙인 건 자신이 아니라 사도 바울 님이었다고 하더군요. 그래서 이 친구가 말하는 장면을 담아 왔습니다. 한번 보시지요."

나는 휴대폰으로 찍은 영상을 사도 바울에게 보여주었다. 화면 속의 루터가 말했다.

"바울 선생님! 반갑습니다. 저는 마틴 루터라고 합니다. 저는 청년 때부터 신앙에 대한 고민이 많았습니다. 그래서 수사가 되려고 수도원에 들어가기까지 했습니다. 늘 기도하고 묵상하고 종교적인 삶을 추구해도 본질적인 만족을 얻을 수 없었습니다. 그러다가 바울 선생님이 쓰신 로마서 첫 장을 읽다가 해답을 찾았습니다. 저도 모르게 '유레카!'를 외치면서 감격의 눈물을 흘렸습니다. 구원의 문제, 복음의 핵심을 명쾌하게 설명해 주셨거든요. 그것은 '의인은 믿음으로 말미암아 살리라'는 말이었습니다. 그래서 그것만 붙든다면, 지금까지의 모든 종교적 허식과 위선을 다 버릴 수 있을 것 같았습니다. 그때부터 저는 그 복음을 독일어로 외치기 시작했습니다. 그때는 라틴어로 성경을 읽고 설교했는데 저는 저의 모국어로 성경을 읽어 주고 모국어로 설교를 했습니다. 알아듣게 설교를 해야 신앙이 자라지, 라틴어로 설교하는데 어떻게 신앙이 자랄 수 있겠습니까? 그래서 저는 그 당시 천주교가 말하던 모든 교리를 부정하는 95개조 반박문을 비텐베르크의 성곽 교회인 슐로스키르헤 문(門)에 라틴어로 써서 붙였습니다. 사람들은 기다렸다는 듯이 들고일어났고, 그것이 종교개혁의 시발점이 되었습니다."

루터의 영상을 본 사도 바울이 말했다.

"나 이후에도 하나님께서는 그때그때마다 당신의 사람들을 들어 쓰신다는 것을 보게 되었네. 아마 자네도 그런 사람 중의 하나겠지? 참 뿌듯하고 행복하구먼. 역시 하나님은 자신의 일을 만들어 가시는 분임을 거듭 확인했네."

루터의 영상을 본 후에 잠시 침묵이 이어졌다. 사도 바울은 뭔가를 골똘히 생각하는 눈치였다. 그리고는 침묵을 깨고 물었다.

"그런데 말일세. 아까 기독교를 공식으로 인정했다는 로마의 황제 콘스탄틴은 정말 회심자였는가?"

"역사에 의하면, 전쟁에 나갈 때 십자가 표식을 하고 나가면 승리하게 될 것이라는 꿈을 꾸었답니다. 그래서 그는 꿈에 지시 받은 대로 깃발에 십자가 표식을 했고, 가는 곳마다 승리를 했다는 이야기입니다."

"그럴 법한 이야기군. 그런데 말이야. 그 이야기가 썩 그렇게 달갑진 않아. 복음의 핵심과는 달리 하나의 미신처럼 들리거든. 그렇다면 하나님이 십자가 표식을 하면 승리를 주시고 악마를 물러가게 한다는 것인가?"

듣고 보니 사도 바울의 말이 맞았다. 내가 교회사를 통해서 알고 있듯이 313년 이후 기독교가 확산되는 가운데 복음의 본질과는 다른 일들이 많이 생기지 않았던가? 일명 성상 숭배라는 것도 있었다. 하나님의 말씀인 성경이 기준이 되지 않았고, 성모 마리아상이나 성화 같은 것들(Icon)에 의존하는 경우도 있었다. 심지어는 예수님의 속옷, 예수님의 머리털, 사도들·교부들의 머리카락이나 손톱 같은 것들을 가지고 중병을 가진 사람에게 올려 두면 병이 낫는다는 설이 지배적이었던 시대도 있었다. 기독교의 이름을 빙자한 미신이었다. 그 미신의 정점은 십자군운동이었다. 기독교 역사에서 가장 어리석고 부끄러운 일 중의 하나였다.

사도 바울의 말을 듣고 나는 며칠 동안 관련 자료를 찾아보던 중 밀란의 칙령과 연계된 스토리를 듣게 되었다. 이른바 정사가 아니라 야사로 전해지는 이야기였다. 콘스탄틴이 진정한 개종자, 회심자가 아니었음은 분명하다. 그랬던 그가 기독교를 공인했다는 것은 이해할 수 없는 대목이다. 야사를 통해 알게 된 밀란의 칙령에 대한 내용은 다음과 같다.

당시 로마는 세계 최강이었고, 번영의 극치를 달리고 있었다. 유럽의 대부분을 지배하고 있었고, 노예만 해도 6천만 명 이상이었다고 한다. 사람은 등이 따뜻하고 배부르면 타락하기 십상이다. 그래서 로마는 도덕적·성적으로 타락할 대로 타락했다. 영화 〈글래디에이터〉에서 보듯 잔인하기 짝이 없는 검투 경기를 도시마다 개최했고, 목욕탕 문화가 발달했으며, 음식이 차고 넘쳐 식도락가들이 많았다고 한다. 그래서 음식을 배불리 먹고도 맛을 위해 다음 음식을 먹을 수 있도록 먹은 음식을 토하게 도와주는 약물과 사람이 있을 정도였다. 그런 시대에 태어난 자녀들은 어떨까? 시대가 타락했으니 자녀들 또한 그 풍조에 휩쓸렸을 것이다.

하지만 모든 부모는 비록 자신은 퇴폐적인 삶을 추구하더라도 자식만큼은 그렇지 않기를 바라는 법이다. 오죽하면 도둑질하며 먹고 사는 사람도 자식이 도둑질을 하면 호되게 야단을 친다고 하지 않는가? 그래서 로마의 귀족들 사이에선 자식을 경건하게 키워 내는 여자, 경건하고 거룩하고 교양 있고 예의 바른 처녀를 골라 장가들게 하는 일이 큰 관심거리였다. 그러나 로마 귀족들 가문에는 순결한 처녀들이 있을 리 없었다.

그런데 들리는 소문에 의하면 희망적이게도 카타콤에서 비밀 예배를 드리는 그리스도인 처녀들은 순결하고 경건하며 교양이 풍부하고 남편과 자식에게 헌신적이라는 것이었다. 그래서 로마의 고관대작들은 할 수만 있다면 그리스도인 처녀들을 며느리로 들이기 시작했다. 그들은 남편에게 순종적이면서도 가족들에게 헌신적이었다. 무엇보다 자녀들에 대한 교육의 열망이 컸다. 신앙심은 아무래도 남성보다 여성이 훨씬 더 깊은데 그렇게 혼인한 그리스도인 여성들은 가는 곳마다 복음을 전파했다. 남편을 비롯한 시댁 식구들을 복음화했고, 그것이 어려우면 최소한 자기 자식들만큼은 반드시 신실한 그리스도인으로 만들었다. 그렇게 2~3세대가 지났을 때 전 로마는 복음화가 되어 있었다.

황제가 된 콘스탄틴이 이전의 황제들처럼 기독교를 핍박하려고 했다. 그런데 막상 뚜껑을 열고 보니 상황이 달라져 있었다. 기독교인이라는 이유로 잡아 죽인다면, 로마의 고관대작의 가정 중 거기에 해당하지 않는 가정이 하나도 없을 정도였다. 그래서 콘스탄틴은 눈치 빠른 정치가답게 재빨리 노선을 변경했다. 그들을 죽일 수도 없거니와 오히려 정반대로 그들을 포용하고 그들의 지원을 배경으로 둔다면 로마를 통치하는 데 도움이 될 것이라고 계산했다. 그래서 콘스탄틴은 기독교를 공인한다고, 더 이상 지하에 있지 말고 지상으로 나와서 교회를 건축하고 신앙생활을 하라고 모든 문을 열어 두었을 뿐 아니라 적극 권장하는 태도를 보였다는 것이다. 요즘말로 하면 선거에서 표를 얻기 위한 포퓰리즘의 개념을 누구보다 잘 아는 사람이었다는 뜻이다.

기독교는 평안할 때가 아니라 핍박을 받을수록 더 강해지고 더 경건해진다. 사도 바울은 이것을 누구보다 잘 알고 있었다. 콘스탄틴 황제의 이야기를 듣고 그렇게 반가워하지 않았던 것은 그런 이유 때문이었다.

"제자들의 마음을 굳게 하여 이 믿음에 머물러 있으라 권하고 또 우리가 하나님의 나라에 들어가려면 많은 환난을 겪어야 할 것이라 하고" 행 14:22

1.
사도 바울의 마지막 전도여행 – 로마행

바울은 복음을 위해 자원해서 로마행을 택했다. 예루살렘에서 유대인들에게 붙들렸으나 극적으로 구출되어 가이사랴로 호송되었고, 재판 받는 과정에서 2년 이상이 흘렀다(행 21:27~26:32). 바울은 로마 시민권을 가진 주체로서 가이사에게 상소하였기 때문에 재판을 받기 위해 로마로 호송되던 중 지중해의 겨울 광풍인 유라굴로를 만나 큰 고생을 한 끝에 로마에 도착하였다.

로마에서 바울은 오히려 유대인들의 방해 없이 2년 동안 마음껏 복음을 전하였다(행 28:1~31).

* 주후 60~63년 투옥, 63년 석방, 65~67년 재수감, 67~68년경 순교

* 사도행전 27장 1절~28장 31절

바울의 로마행 항해도

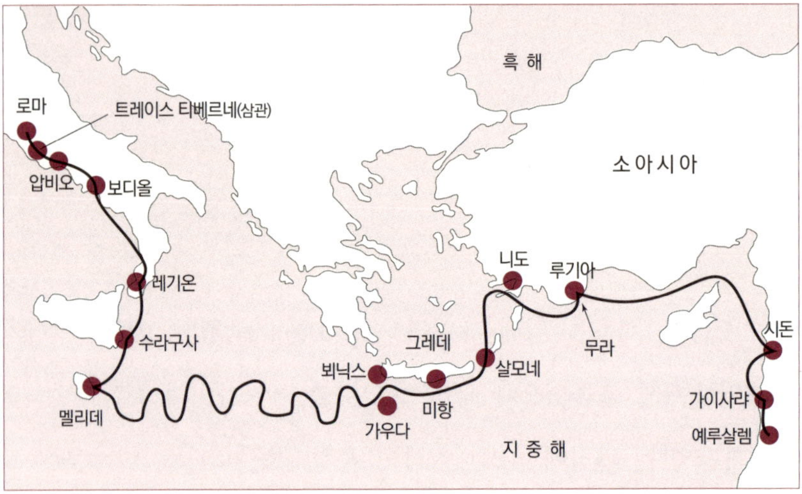

로마행 전체 여행 경로: 예루살렘 → 가이사랴(아드라뭇데노 배) → 시돈 → (구브로 해안 통과) → (길리기아, 밤빌리아 해안 통과) → 루기아 지방 무라 성(여기서 이달리야로 가려는 알렉산드리아 배로 옮겨 탐) → (니도 맞은편) → (살모네 앞을 지남) → 미항(그레데 섬의 작은 항구) → (뵈닉스 항으

로 가려 했으나 유라굴로 광풍에 휘말림) → (바다 표류) → 멜리데 섬(석 달 동안 머물게 됨) → (다른 알렉산드리아 배) → 수라구사 → 레기온 → 보디올 → 압비오 저자, 삼관(트레이스 타베르네) → 로마

1) 가이사랴(아드라뭇데노 배)

- 목적지: 아시아 해변 각처
- 책임자: 율리오(황제 부대 백부장)
- 승객: 바울의 일행(바울, 누가, 아리스다고), 로마로 가는 죄수들
- 배의 취항지: 가이사랴
- 출발지: 가이사랴
- 경로지에서 일어난 일

① 시돈: 이곳에 바울의 친구들이 있었다. 백부장 율리오는 여기서 바울이 친구들을 만나도록 배려해 주었다.

② 무라 성: 소아시아 남부 해안 도시로, 여기서 이탈리아로 가는 알렉산드리아 배로 갈아탔다.

2) 알렉산드리아 호

- 목적지: 이달리야(로마)
- 배의 특징: 276명을 태울 만큼 큰 배, 애굽에서 로마로 가는 곡물선
- 출발지: 무라 성, 살모네 앞을 지나 그레데 해안을 따라 항해
- 경로지에서 일어난 일

① 미항(라새아 성 근처)에 도착

- 도착 시기: 대속죄일 기간(9, 10월). 해마다 이때가 되면 지중해의 일기는 불안정해져서 항해 중 조난 사고가 잦았다.
- 선상회의: 바울은 죄수였지만 선상회의에 참석하였다. 그는 여행 중에 세 번이나 배가 파선하는 경험을 했기 때문에(고후 11:25) 항해에 대해서는 베테랑이었다. 그러나 백부장은 바울의 조언을 듣지 않았다. 곡물 운반선은 정부의 사업이었기 때문에 결정권은 백부장에게 있었고, 이 배는 뵈닉스 항구에 도착 예정이었다.

② 그레데 해변을 따라 항해

③ 유라굴로 광풍을 만났다.

- 남부에서 402km 떨어진 가우다의 작은 섬 아래까지 밀려갔다.

- 짐을 바다에 던졌다.

- 배의 장비를 바다에 내어버렸다.

- 오랫동안 먹지 못하고 살 소망이 사라졌다.

④ 바울의 선상 메시지

"여러분은 내 말을 듣고 그레데에서 출항하지 않았어야 했습니다. 그러나 이제 나는 여러분에게 권합니다. 기운을 내십시오. 이 배만 잃고 여러분은 한 사람도 목숨을 잃지 않을 것입니다. 지난밤에 하나님의 천사가 내 곁에 서서 '바울아, 두려워 말아라. 너는 반드시 황제 앞에 서야 한다. 하나님께서는 모든 사람의 안전을 너에게 맡겨 주셨다'라고 말씀해 주셨습니다. 그러니 여러분은 힘을 내십시오"(행 27:21-26).

⑤ 14일째 밤(난파 후)

- 아드리아해에 떠 있음: 수심이 얕아졌다, 선원들이 배를 버리고 떠나려고 하는 것을 바울이 발견하고 이를 막았다.

⑥ 15일째 새벽

- 바울이 사람들에게 음식을 먹으라고 권하였다: 음식을 배부

르게 먹은 뒤 남은 식량을 바다에 던져 배를 가볍게 하였다.

⑦ 15일째 아침

- 모래밭이 있는 항구가 보였다: 닻을 끊어 버리고 키 줄을 늦추고 돛을 달고 바람에 맞추어 해안을 향해 들어갔다. 그러나 배는 미처 발견하지 못한 모래톱에 부딪혀 부서졌다. 이에 헤엄칠 줄 아는 승객들과 선원들은 헤엄쳐서 육지까지 가고, 나머지는 배의 파편을 타고 섬에 도착하였다.

⑧ 멜리데(말타) 섬에 도착

- 바울이 독사에 물리지만 죽지 않음을 보고 토인들이 예수를 믿었다. 3개월을 머물고 필요한 물건들을 배에 싣고 떠났다.

3) 또 다른 알렉산드리아 호

여행 경로: 수라구사(3일 동안 머물렀음) → 레기온(1일 동안 머물렀음) → 보디올에 상륙(보디올에서 형제들을 만나 7일을 함께 머물렀음) → 압비오 광장 → 트레이스 타베르네(세 여관) → 로마로 들어감(2년 동안 셋집에 머물면서 복음을 담대히 전함)

사도 바울과의 인터뷰 29
왜 마지막 여정은 로마인가요?

내가 사도 바울에게 물었다.

"왜 마지막 전도여행을 로마로 정하셨나요?"

나는 내 머릿속에 있는 세계전도를 떠올리며 말했다. 유럽과 아시아는 물론 아프리카 대륙도 있었고, 아메리카 대륙과 오세아니아도 있었다. 거기에 남극과 북극까지 생각한다면 5대양 6대주의 넓은 세계였다.

"자네도 알다시피 우리 주님께서 예루살렘과 온 유대와 땅 끝까지 복음을 전하라고 하지 않으셨는가? 내가 알고 있는 땅 끝은 로마였다네."

"아하! 그러셨군요. 그리고 우두머리를 공략해야 한다는 원리하고도 같네요. 시골에서 양봉하는 제 친구는 벌통을 늘릴 때 그 많은 벌을 일일이 잡아서 새 벌통으로 옮길 필요가 없다고 하더군요. 집단의 여왕벌을 새 통에 넣으면 자동으로 또 하나의 집단이 형성된다면서 말이죠."

"전쟁에서 전투하는 원리와도 같아. 양쪽이 피차 전투가 벌어졌을 때 상대편의 우두머리, 대장을 죽여야 싸움이 끝나는 법이지. 로마는 세계의 우두머리니까 로마를 복음화시키면 온 세상이 다 복음화되지 않겠나?"

그제야 나는 왜 사도 바울이 마지막 여정을 로마로 정했는지 이유를 알 수 있었다. 그의 말마따나 그 당시 예루살렘에서 출발하여 땅 끝까지 이르는 복음 전도 여정의 종착지는 로마였다. 로마는 고대 이방 세계의 모든 길이 합류하는 곳이었다.

이방인의 사도로 부름을 받은 바울의 입장에선 해결해야 할 문제가 있었다. 유대인들의 입장에선 '유대교의 율법을 준수하지 않는 이방인 그리스도인들을 같은 하나님의 백성으로 인정할 수 있는가?'에 대한 물음이었고, 이방인 그리스도인들 입장에선 '굳이 유대인의 율법까지 준수해야 할 이유가 있는가?'에 대한 물음이었다. 바울은 이 부분을 분명히 해야 했다. 물론 사도 바울은 이 부분에 대해서 분명하게 말하고 있다. 이것이 '이신칭의'(以信稱義)라는 기독교의 핵심 교리이다.

> "복음에는 하나님의 의가 나타나서 믿음으로 믿음에 이르게 하나니 기록된 바 오직 의인은 믿음으로 말미암아 살리라 함과 같으니라" 롬 1:17

사도 바울은 갈라디아인에게 보내는 편지에서도 이 부분을 다시 한 번 강조하고 있다. 사도 바울은 유대인이든 아니든 혈통이 기준이 아니라고 밝히며 하나님의 자녀가 되는 원리, 영적 아브라함의 후손이 되는 원리는 오로지 믿음에 있다고 강조하였다.

> "너희가 다 믿음으로 말미암아 그리스도 예수 안에서 하나님의 아들이 되었으니 누구든지 그리스도와 합하기 위하여 세례를 받은 자는 그리스도로 옷 입었느니라 너희는 유대인이나 헬라인이나 종이나 자유인이나 남자나 여자나 다 그리스도 예수 안에서 하나이니라 너희가 그리스도의 것이면 곧 아브라함의 자손이요 약속대로 유업을 이을 자니라" 갈 3:26~29

실제로 사도 바울이 살았던 로마는 인구 100만의 거대 도시였다. 그리고 거기에는 유대인이 5만 명 정도 있었는데, 유대인 입장에선 자기들이 섬기던 유일신 야훼 하나님을 이방인들이 감히 '아버지'라고 부르는 것을 가히 용납하기 힘들었다. 그들의 인식 속에서 선민은 유대인만이지 이방인은 해당되지 않았기 때문이었다. 그런데 바울의 복음을 들은 그리스도인들은 자신 있게 자신들을 하나님의 백성, 더 나아가 하나님의 아들이라고까지 주장하고 나섰으니 둘 사이가 좋을 리 없었다.

사도 바울이 쓴 로마서의 이신칭의(以信稱義)는 이러한 논란을 부추기기에 충분했다. 그래서 로마에서는 유대인들과 그리스도인 사이에 종교적 소요가 잇달아 일어났는데, 로마의 입장에선 이 소요가 곱게 보일 리 없었다. 자기들만의 싸움으로 규정한 탓에 주후 49년 글라우디오 황제는 유대인들을 로마에서 추방하라는 칙령을 내렸다. 이렇게 추방을 당한 사람들 중에 아굴라와 브리스길라 부부(행 18:2)가 있었다.

2.

마지막을 준비하는 바울

사도 바울과의 인터뷰 30

왜 꼭 결혼을 해야 하나요?

나는 사도 바울에게 진지하게 묻기보다 그냥 수다처럼 묻고 싶은 말이 있었다.

"혹시 결혼하지 않은 것에 대해서 후회해 본 적은 없나요?"

약간의 무례를 무릅쓰고 한 물음이었다. 그래도 이쯤이면 이런 질문 정도는 해도 괜찮을 것이라는 확신이 들어 물었다. 나에게 결혼은 정말 좋은 경험이었던 까닭이다. 그래서 좀 뻐기고 싶은 얄미운 충동까지 있었다. 늘 밝고 명랑한 아내, 지혜롭고 현숙한 아내를 만나 아들, 딸을 낳고 살아가는 기쁨, 그 아이들과 함께 헝가리에서 살았던 일이나 아들 결혼식 일정으로 미국에 갔다가 알래스카를 방문한 경험은, 정말이지 내가 결혼했기 때문에 얻은 혜택이었다. 나는 경험을 통해 아는 분야지만 정작 그는 경험하지 못한 영역이니 이 부분만큼은 내가 더 전문가 아닌가?

솔직히 나는 그가 고린도 교회에 보낸 편지(고린도전서, 고린도후서) 중에 결혼에 대한 이야기나 부부의 성에 대한 부분을 언급할 때 '결혼도 안 해 본 사람이 이런 걸 어떻게 알아?'라고 생각했던 적이 있었다.

"사실, 난 평생 혼자 살았어. 이방인의 사도로 부름을 받았는데 가정을 꾸리면 그 사역을 감당할 수 없어서였다네. 그런데 솔직히 생각하면, 내가 순교하는 그 날짜가 될 때까지 주님께서 재림하지 않는다는 것을 알았더라면 나도 어쩌면 결혼을 했을지도 몰라. 나는 주님의 재림이 적어도 몇 년 안에 온다고 믿었다네."

나는 결혼 후 아내와의 의견 충돌이 있었는데 자녀를 갖는 일에 대한 것이었다. 나는 주님의 재림이 머지않았는데 자녀를 가져서 어쩔 거냐며 자녀 갖기를 거부했다. 만약 그때 그 고집대로 자녀를 낳지 않았더라면 어땠을까? 아내의 강력한 주장으로 결국 아들과 딸을 얻었는데 나이가 들수록 잘했다고 여기는 부분이다. 사도 바울도 나와 비슷한 생각을 했었다는 것이 신기하기만 했다.

"그 말씀은 만약 그리스도의 재림이 사도 바울 님이 살아 있는 동안에 이뤄질 일이 아니라는 걸 알았다면 결혼을 했을지도 모른다는 뜻이네요. 그렇다면 결혼은 할 수만 있다면 꼭 하라는 의미인 거죠?"

"당연하지. 혼인을 귀히 여기는 것은 하나님의 뜻이기도 해. 할 수 있다면 해야지. 내가 고린도 교회에 보낸 편지에서 음행의 연고 외에는 헤어지지 말라고 한 것도 이유가 있어. 결혼은 안 하는 것보다 하는 것이 백 번, 천 번 나아."

사도 바울의 말을 빌리자면 요즘 청춘들이 '비혼'을 선택하는 것이 그다지 현명한 처사는 아니란 말이다. 교회 안에도 '미혼'들이 아주 많다. 그 많은 미혼들을 생각하면 늘 숙제가 남아 있기도 하다.

사도 바울은 자신의 마지막이 어떻게 될 것인지 충분히 알고 있었다. 로마에 가면 다른 사람도 아닌 유대인들의 정죄를 받아서 옥고를 치르게 되고, 최후엔 순교의 자리에까지 이른다는 것을 알았다.

예수를 그리스도로 인정한다는 신앙 고백은 로마의 입장에서는 반역과 모반에 해당하였다. 그리스도라는 말 자체가 '기름 부음을 받은 자'로서 왕이란 뜻이었다. 따라서 그리스도를 따르는 무리는 국가 전복을 꾀하는 반동으로 분류되었고, 달갑게 보일 리 없는 대상이었다. 그 무리를 이끄는 지도자인 바울 역시 미움의 대상이었을 것이다.

그래도 사도 바울은 십자가형을 당하진 않았는데, 그것은 사도 바울이 로마 시민권을 가지고 있었기 때문이다. 십자가형은 로마 시대에도 가장 야만적인 방식이었다. 십자가에서 죽는 것은 가장 치욕스러운 죽음, 저주 받은 사람의 죽음으로 분류되었다. 예수님은 그런 십자가를 지고 죽으셨다. 인간의 모든 수치를 감당하기 위해서였다.

로마인들은 사도 바울이 로마 시민권을 가지고 있었기 때문에 야만인처럼 함부로 대할 수 없었다. 왜냐하면 모든 로마인은 재판을 통해 정당하게 심판 받아야 했기 때문이다. 이에 사도 바울은 상소

할 수 있는 권리를 통해 로마에 도달하였다. 요즘도 범죄자를 태우고 가는 차를 '호송 차량'이라고 한다. 호송(護送)이란 말은 비록 죄를 지은 사람이지만 법에 의해서 정당한 재판을 받을 때까지는 보호한다는 의미다. 사도 바울도 상소했던 덕분에 안전하게 로마에 도착할 수 있었다. 또한 로마에 머물면서 다른 일을 꽤 많이 할 수 있었다. 훗날 사도 바울은 가장 단시간에 목숨을 끊는 참수형을 당했는데, 로마법에선 사형수의 인권을 최대한 고려한 방법이었다. 〈환관 포청천〉에 보면 천민이나 일반 사람은 개(犬)작두를 사용하고, 귀족이나 신분이 높은 사람은 용(龍)작두를 사용해서 처형하는 것과 같은 원리였다.

사도 바울과의 인터뷰 31

왜 한 알의 밀알은 꼭 죽어야 하나요?

"한 알의 밀알은 썩는 건가요, 죽는 건가요?"

가끔 헷갈리는 부분이었다. 한 알의 밀알은 썩는 것인가, 아니면 죽는 것인가?

그러자 바울이 힘주어 말했다.

"죽는 것이지. 나도 주님처럼 한 알의 밀알로 죽고 싶다네. 예수님께서 말씀하셨어. '내가 진실로 진실로 너희에게 이르노니 한 알의 밀이 땅에 떨어져 죽지 아니하면 한 알 그대로 있고 죽으면 많은 열매를 맺느니라 자기의 생명을 사랑하는 자는 잃어버릴 것이요 이 세상에서 자기의 생명을 미워하는 자는 영생하도록 보전하리라'(요 12:24~25). 그래서 나는 하나님의 큰 그림에 의해 내가 한 알의 밀알로 죽게 되었다는 것이 얼마나 영광스러운지 몰라. 나를 부르실 때 다메섹 도상에서 강렬한 빛으로 임하시더니 하늘로 부르실 때에도 순교의 영광으로 부르시니 얼마나 감사한 일인가!"

나도 목사로 부름을 받을 때 순교를 생각해 보았다. 지금 시대는 종교의 박해 때문에 순교를 당하는 시대가 아니다. 손양원 목사님이나 주기철 목사님 같은 순교자의 길을 따라가지 못할지라도 내가 죽는 마지막 순간만큼은 적어도 빛 가운데였으면 좋겠다는 상상을 늘 하곤 했다. '열정을 다해 하나님의 말씀을 외친 강단, 그 강단에서 설교를 마치고 내려와 앉은 의자에서 마지막 숨을 거둘 수 있다면 얼마나 좋을까? 거룩한 주일의 모든 사역을 마치고 잠자리에 들었는데 그길로 하나님의 부름을 받는다면 얼마나 좋을까?'라는 생각을 했다. 자동차 사고나 각종 재난, 혹은 중병에 걸려 오랫동안 병실에서 고생하다가 마지막을 맞이하는 일은 없기를 기도해 왔다.

그래서 나는 가끔 '사전 장례식'을 상상해 보곤 한다. 내가 죽으면 부고가 알려질 테고 나와 관련되었던 사람들이 조문을 올 것이다. 그런데 정작 나는 그 조문객이 누구인지 알지 못한다. 그런 까닭에 누가 봐도 내가 천국의 부름을 받을 날이 가까워졌다면, 나의 부고를 알리고 며칠 혹은 두세 달 앞서 미리 장례를 치르는 것이다. 내가 죽은 후 조문객을 맞이하는 것이 아니라 아직 살아 있는 채로 조문객을 맞이하는 것이다.

내가 전도했던 사람들이 나 덕분에 복음을 듣고 받아들인 후 지금까지 신앙생활을 잘하고 있다는 이야기, 내가 키웠던 제자들이 각자 자기 사역지에서 아름다운 사역의 열매를 맺고 있다는 이야기, 나를 통해 치유되고 회복된 부부들이 찾아와서 덕분에 지금 행복하게 살고 있다는 이야기, 내 아내가 내 손을 꼭 잡아 주면서 "당신은 정말 최고의 남편이었다"라고 말해 주고, 나의 자식들이 "아버지 덕분에 이렇게 행복하게 살고 있다", "아버지는 우리에게 최고의 아버지였다"라고 고마워하는 모습들을 본다면 그야말로 행복일 것이다. 그런 행복감을 가득 안고 천국으로 입성할 생각을 하노라면 나도 모르게 가슴이 뭉클해지면서 어느새 눈가엔 이슬이 촉촉하게 맺힌다.

3.

사도 바울의 신명기

신명기(Deuteronomy)는 모세가 죽기 직전 이스라엘 백성을 모아 놓고 그들에게 한 설교이다. 이 책의 이름을 번역할 때 왜 '신명기'라고 했는지 나는 솔직히 좀 불만이다. 말의 뉘앙스가 쉽게 다가오지 않기 때문이다. 그냥 쉽게 '명심기'라고 썼으면 얼마나 좋았을까? 말 그대로 자신이 죽고 난 이후에 백성들이 꼭 명심해야 할 내용을 두 번 반복해서 말하고 있기 때문이다.

사도 바울 역시, 자신의 마지막이 이르렀음을 알고 신명기를 썼다. 그것이 디모데전·후서이다. 바울의 신명기를 정리한 사람은 누가였다. 바울의 주치의로서 모든 전도의 여정을 함께하고 기록으로 남겨 사도행전이 교회행전, 제자행전, 현장행전이 되게 한 누가만(딤후 4:11)이 그의 마지막을 배웅하고 있었다.

나도 이제 환갑을 넘긴 나이가 되고 자식을 결혼시킨 어른이 되고 보니 젊은이들을 볼 때마다, 내 자식을 볼 때마다 사도 바울의 당부, 솔로몬의 당부를 하게 된다. 사도 바울과 같은 나이, 솔로몬 왕과도 같은 나이를 지나면서 느끼게 된 큰 소득이다. 세상을 살면서 하나님을 알고 경외하는 것, 그리스도를 위해서 사는 삶보다 귀한 것은 없다.

그래서 나는 요즘 이 찬송을 부를 때마다 그 노래를 만들고 일생을 찬양 사역자로 살았던 조지 비벌리 시어(George Beverly Shea)의 마음이 이해된다. 젊었을 때는 그냥 막연하게 불렀는데 이제는 가슴으로 느끼면서 부른다. 그는 한때 돈과 명예를 보장받은 가수로서 살 수 있었으나 전도자 빌리 그레이엄(Billy Graham) 목사와 함께 찬양으로 복음을 전하는 사명을 감당하였다. 그에게 있어 "주 예수보다 더 귀한 것은 없네"는 그의 삶 전부였다.

나는 가끔 상상한다. 아마 사도 바울이 이 찬송을 알았더라면 빌립보 감옥에 갇혀 있을 때 실라와 함께 이 찬송을 부르지 않았을까?

1. 주 예수보다 더 귀한 것은 없네 이 세상 부귀와 바꿀 수 없네
   영 죽을 내 대신 돌아가신 그 놀라운 사랑 잊지 못해
2. 주 예수보다 더 귀한 것은 없네 이 세상 명예와 바꿀 수 없네
   이전에 즐기던 세상 일도 주 사랑하는 맘 뺏지 못해
3. 주 예수보다 더 귀한 것은 없네 이 세상 행복과 바꿀 수 없네
   유혹과 핍박이 몰려와도 주 섬기는 내 맘 변치 않아

(후렴) 세상 즐거움 다 버리고 세상 자랑 다 버렸네
주 예수보다 더 귀한 것은 없네 예수밖에는 없네 (찬송가 94장)

"'너는 겨울 전에 어서 오라" 딤후 4:21

이 구절은 마지막으로 자식 얼굴 한 번 더 보고 세상을 떠나려는 부모의 심정과 같다. 바울의 마지막 시간에는 사도행전의 저자인 누가만 함께하고 있었다(딤후 4:11). 디모데가 감옥에 와서 면회를 신청

하고 대면했다면 바울은 디모데에게 뭐라고 권면했을까? 디모데에게 보낸 두 번째 편지에서 그 답을 예측해 볼 수 있다.

> "그러나 너는 모든 일에 신중하여 고난을 받으며 전도자의 일을 하며 네 직무를 다하라" 딤후 4:5

사역 측면에서 최선을 다하라는 말을 했을 것이다. 또한 그 사역의 핵심은 전도자의 삶이었다.

> "하나님 앞과 살아 있는 자와 죽은 자를 심판하실 그리스도 예수 앞에서 그가 나타나실 것과 그의 나라를 두고 엄히 명하노니 너는 말씀을 전파하라 때를 얻든지 못 얻든지 항상 힘쓰라 범사에 오래 참음과 가르침으로 경책하며 경계하며 권하라" 딤후 4:1~2

그리고 철저히 자기 관리를 하라고 권면했다. 목회자의 삶이란 사방이 유리로 된 언덕 위의 집에 사는 것과 같아 일거수일투족이 다 보일 수밖에 없다고 말했다. 그러면서 언제나 성결한 그릇이 되라고 강조했다.

"…자기를 깨끗하게 하면 귀히 쓰는 그릇이 되어 거룩하고 주인의 쓰심에 합당하며 모든 선한 일에 준비함이 되리라" 딤후 2:21

사역자란 능력의 유무에 따라 쓰임 받는다기보다 성결의 유무에 따라 쓰임 받는다는 사실을 강조했다.

목회자로서의 조언은 품위를 지키라는 것이었다. 목회자는 아무리 나이가 적고 경험이 적어도 영적인 부모에 해당하기 때문에 적절한 권위와 품위가 있어야 함을 강조했다.

"누구든지 네 연소함을 업신여기지 못하게 하고 오직 말과 행실과 사랑과 믿음과 정절에 있어서 믿는 자에게 본이 되어" 딤전 4:12

목회자로서의 또 다른 조언은 권위를 세우라는 것이었다. 그것은 그의 사역 전반에서 늘 어려운 부분이었다. 우리나라 조선시대 영조 대왕이 늘 노심초사했던 부분도 그것이었다. 그는 정실의 소생이 아닌 것에 대해 끊임없이 공격하는 신하들을 대비해야 했다. 사도 바울 역시 복음 전파의 사역을 감당하고 이방인의 사도로서 사역을 할 때 늘 공격받는 부분이 사도로서의 권위였다. 사도 바울은 자신이 하나님의 선택에 의한 사도임을 확실히 주지시킬 필요가 있었다. 그래서 편지의 서두마다 자신의 사도 됨에 대한 근거가 하나님께 있음을 확실히 밝히고 있다. 예를 들어 갈라디아 교회에 보내는 편지의 첫 문장은 이렇게 시작된다.

> "사람들에게서 난 것도 아니요 사람으로 말미암은 것도 아니요 오직 예수 그리스도와 그를 죽은 자 가운데서 살리신 하나님 아버지로 말미암아 사도 된 바울은" 갈 1:1

에베소 교회에 쓴 편지는 어땠는지 살펴보자.

> "하나님의 뜻으로 말미암아 그리스도 예수의 사도 된 바울은 에베소에 있는 성도들과 그리스도 예수 안에 있는 신실한 자들에게 편지하노니" 엡 1:1

그리고 고린도 교회에 보내는 편지에서는 자신을 더 당당하게 소개하고 있다.

> "나는 지극히 크다는 사도들보다 부족한 것이 조금도 없는 줄로 생각하노라" 고후 11:5

다른 서신서의 서두도 항상 같은 어조로 출발한다. 디모데에게 보낸 편지인 디모데전·후서의 첫 시작도 똑같다.

> "우리 구주 하나님과 우리의 소망이신 그리스도 예수의 명령을 따라 그리스도 예수의 사도 된 바울은" 딤전 1:1

> "하나님의 뜻으로 말미암아 그리스도 예수 안에 있는 생명의 약속대로 그리스도 예수의 사도 된 바울은" 딤후 1:1

그리고 사도 중의 사도요, 선배 중의 선배요, 정통성에서 비교의 대상이 안 되는 베드로를 사도의 자격을 가지고 단호히 책망했다는 것도 당당히 밝히고 있다.

> "게바가 안디옥에 이르렀을 때에 책망 받을 일이 있기로 내가 그를 대면하여 책망하였노라" 갈 2:11

그리고 목회자답게 마지막 권면은 '여주동행'(與主同行)이었다.

> "나는 주께서 네 심령에 함께 계시기를 바라노니 은혜가 너희와 함께 있을지어다" 딤후 4:22

디모데에게 유언처럼 남긴 사도 바울의 메시지는 "예수 그리스도를 기억하라"(딤후 2:8)였다. 이 마지막 메시지는 일찍이 이스라엘 왕국 솔로몬 왕의 유언과도 같다. 인간으로서 가질 수 있는 모든 것을 가졌던 사람, 할 수 있는 모든 것을 한 사람, 어떤 불가능도 없었던 사람의 전형이었던 솔로몬 왕은 전도서를 통해서 그러한 모든 것을 그저 "헛되다"는 말로 집약하였다. 그리고 마지막을 이렇게 당부하였다.

"너는 청년의 때에 너의 창조주를 기억하라" 전 12:1

사도 바울 역시 청년 디모데에게 창조주를 기억할 것을 권면하고 있다. 사람은 실존적 존재이기 때문에 자신의 기원(origin)에 대한 확신, 자신이 세상에 태어난 이유, 소명(calling)과 사명(mission)에 대한 기준과 원칙이 분명할수록 행복하다. 그것을 제공하는 유일한 것은 신앙뿐이다.

미국 하버드 대 심리학과 교수이며 '다중지능이론'(Multi-intelligence theory)의 창시자 가드너(Howard Gardner)는 처음에 여덟 가지 지능을 제시하였다가 나중에 아홉 번째 지능을 추가로 발표하였다. 그것이'영성지능'이었다. 즉 사람은 영적인 삶의 의미를 추구해야 행복하다는 것을 말하고 있다.

현대사회로 오면서 이해할 수 없는 아이러니 중의 하나는 선진국, 복지국일수록 우울증, 조울증, 조현병(정신분열), 공황장애 등 정신관련 질환이 더 늘어난다는 점이다. 또한 행복지수를 거론할 때 행복지수가 높은 순위에 세계 최고의 극빈국(부탄, 방글라데시…)이 등장한다는 점이다. 도무지 이해할 수 없는 일이다. 나라가 경제적으로, 교육적으로 풍요로워지면 행복지수가 같이 올라가야 할 텐데 그렇지 않은 이유에 대해서 명쾌하게 설명할 수가 없다.

그러나 우리는 해답을 알고 있다. 그것은 그들의 삶에 창조주가 없기 때문이다. 그저 먹고 마시고 생존하는 현실적인 문제만 다루는 현대 교육, 제도화된 교육에서는 종교성, 영성을 가르치지 않는다. 그로 인해 인간은 정신적 영양실조에 걸렸고, 각 나라는 정신적 빈곤국으로 전락하고 만 것이다. 이들에게 줄 수 있는 해답은 복음이다. 사도 바울의 권면처럼 그리스도를 기억하는 것이고, 솔로몬의 권면처럼 청년의 때에 창조주 하나님을 알고 기억하고 그분을 따르는 것이다.

사도 바울과의 인터뷰 32

왜 청출어람(靑出於藍)이 행복일까요?

"복음 전도자로서 가장 행복할 때가 언제인지요?"

그 말에 사도 바울은 미소를 지으며 말했다.

"내가 가르쳤던 사람들이 나보다 큰 생각을 하고, 나보다 위대한 행동을 할 때라네. 자넨 그런 행복을 아는가? 나보다 훌륭한 자식과 걸출한 후배를 보는 행복 말이야."

나도 미소로 답했다.

"그럼요. 저도 이 나이가 되고 보니 그런 행복에 젖곤 합니다. 나이 듦의 미학이지요."

"교인들이나 내담자들, 자식들이 기특한 생각과 행동을 할 때의 기쁨은 정말 사람을 행복하게 만들지. 나도 그런 기쁨 덕분에 긴 사역을 끝까지 완주할 수 있었다네. 아마 나의 3차에 걸친 전도여행 여정에 힘든 일만 있었다면 감당하기 어려웠을 거야. 그래도 그 속에 열매와 보람이 있고, 의미와 기적이 있으며, 복음을 전파한 후 회심하는 모습이 있으니 다시금 힘을 얻곤 했지. 나도 그런 일이 있었다네. 내가 로마 교회를 거쳐 서바나로 가기 전에 예루살렘에 들르고자 한 적이 있었어. 그것은 예루살렘 교회에 연보를 전해 주기 위함이었지."

유대인에게는 이방인에 해당하는 마게도냐와 아가야 사람들이 예루살렘 교회의 형편을 듣고 그 교회의 가난한 성도들을 위한 구제헌금을 모았는데 그것을 전달해 주려는 것이었다. 그때 이방인인 마게도냐와 아가야 사람들은 예루살렘 성도들에게 복음의 빚을 졌다고 생각했고, 그들이 자원했던 구제헌금은 빚을 갚는 일이라고 여겼다. 즉 예루살렘 성도에게 영적으로 도움을 받았기에 육적인 것으로 나누었다는 것이다. 바울은 로마 성도에게 자신의 예루살렘 여정을 위해 기도를 부탁했다.

하긴 예수님께서도 당신의 제자들이 자신보다 위대한 존재이기를, 청출어람(靑出於藍)이길 원하셨다. 나도 내 자식이, 내 제자들이 나보다 더 위대하고 나보다 더 큰일을 하기를 바란다.

> "내가 진실로 진실로 너희에게 이르노니 나를 믿는 자는 내가 하는 일을 그도 할 것이요 또한 그보다 큰일도 하리니 이는 내가 아버지께로 감이라" 요 14:12

로마 시민권자 바울이 고통스러운 십자가형 대신 참수형을 당할 때 떨어진 목이 세 번이나 튀었는데 거기서 샘이 솟았다고 한다. 그래서 로마 가톨릭에서는 그것을 기념하는 세 개의 분수를 만들었고, 지금도 그곳을 찾아 순례하는 사람이 많다. 죽은 자의 유물을 모아놓고 순례하도록 하면서 기적을 중요시하는 천주교의 발상으로 복음의 참 의미가 퇴색되었다는 점에선 아쉬움이 남는다. 바울의 순교는 그런 순례가 아니라 그가 남긴 열네 권의 서신서로 우리가 가야 할 신앙의 나침반이 되었다는 점에 더 큰 의미가 있다. 하나님이 그것을 성경으로 확정하셔서 우리에게 주신 것은, 바울의 삶이 다 뺏긴 것 같았지만 사실은 다 얻었다는 증거가 아니겠는가! 바울의 삶 역시 한 알의 밀알이었던 것이다.

그런데 사도 바울은 그 모든 것을 알고 있었다. 예루살렘에 가면 어떤 일이 있을지 충분히 알았지만 주 예수의 복음을 전하는 일 때문에 그것은 문제가 되지 않는다고 힘주어 말한다. 심지어 성령께서도 고난과 핍박이 있을 것이라고 알려 주고 있음에도 말이다.

"보라 이제 나는 성령에 매여 예루살렘으로 가는데 거기서 무슨 일을 당할는지 알지 못하노라 오직 성령이 각 성에서 내게 증언하여 결박과 환난이 나를 기다린다 하시나 내가 달려갈 길과 주 예수께 받은 사명 곧 하나님의 은혜의 복음을 증언하는 일을 마치려 함에는 나의 생명조차 조금도 귀한 것으로 여기지 아니하노라" 행 20:22~24

4.

신앙의 모델, 바울

평생 동안 소명과 사명의 칼날에 녹슨 일이 없었던 인물을 든다면 단연 사도 바울이라고 할 수 있다. 그는 매너리즘에 빠졌거나 녹슨 칼을 가진 나를 향해 호되게 야단을 쳐서 정신이 번쩍 나게 할 수 있을 것이다. 그동안 '좋은 스승, 멘토, 안내자, 아버지 같고 형님 같은 존재가 있어서 내가 세상을 잘못 살고 있을 때 정말 정신이 번쩍 들게 호통을 쳐 주었으면…' 하고 바랐던 적이 얼마나 많았던가? 그러나 그런 사람이 찾아온다는 보장은 어디에도 없었다. 사부나 스승, 멘토는 찾아가야 하는 것이지 내가 기다린다고 오지 않는다.

그래서 나는 사도 바울을 내 영적 스승, 영적 멘토, 호되게 야단쳐 주는 분, 그러면서 푸근히 안아 주고 격려해 주는 분으로 정했다. 이것은 내가 일생을 살면서 가장 잘한 일 중의 하나다. 바울처럼 사는 일이 가능할까? 물론 가능하다. 그러므로 그는 지금도 여전히 많은 크리스천의 모델이다.

사도 바울과의 인터뷰 33

왜 신앙의 열매는 "야, 너두!"인가요?

내가 사도 바울에게 물었다.

"21세기의 많은 크리스천들이 사도 바울 님을 신앙의 모델로 삼고 있습니다. 거기에 대해서 어떻게 생각하십니까?"

"그거야말로 내가 원하는 바지."

그는 생각할 여지도 없다는 듯이 이렇게 말했다. 그는 자신의 삶에 대한 긍지가 있었다. 그리고 무엇보다 생명이신 그리스도를 안다는 것에 자부심을 느꼈다. 이것은 사도 바울이 아그립바 왕을 만났을 때도 말한 적이 있었다.

> "바울이 이르되 말이 적으나 많으나 당신뿐만 아니라 오늘 내 말을 듣는 모든 사람도 다 이렇게 결박된 것 외에는 나와 같이 되기를 하나님께 원하나이다 하니라" 행 26:29

〈낮엔 해처럼 밤엔 달처럼〉이라는 복음성가를 부를 때면 2절 가사에서 나도 모르게 결연한 의지가 발동된다. "예수님처럼 바울처럼 그렇게 살

순 없을까 남을 위하여 당신들의 온몸을 온전히 버리셨던 것처럼…." 예수님이야 메시아로 오신 분이고 신성까지 있어 닮기는 하겠지만 벤치마킹을 하기엔 버거운 분이라고 생각했다. 하지만 사도 바울은 나와 똑같은 사람이기에 좀 더 닮기에 나은 모델이라 생각했다.

그래서 우선 바울의 발자취를 따라 선교 현장을 제대로 돌아보고 싶었다. 그저 목사로서 알아야 하고 설교하기 위한 기본 지식의 습득 차원에서 사도 바울의 3차에 걸친 전도여행의 내용을 아는 것이 아니라, 그 장소에서 직접 그의 체취를 느끼고 싶었다.

한국의 유명 남자 배우가 어느 영어교육 회사의 광고를 하면서 "야, 너두!"라고 외치는 모습을 본 적이 있다. 자신도 영어 공부를 쉽게 했으니 너도 해 보라는 뉘앙스였다. 사도 바울은 자신도 그렇게 살았으니 너도 그렇게 살 수 있다고 말하고 있었다. 그가 광고 모델로 발탁되었다면 그 역시 손가락으로 콕 짚어 가며 말했을 것이다.

"야, 너두!"

에필로그

사도 바울은 회심 이후에 이방인을 위한 사도로서의 사역을 감당했고, 그의 입에서 출발한 복음이 21세기에 이르러 지금의 나에게로 전달되었다. 그 덕분에 나는 영적 아브라함의 후손이 되었고 하나님의 백성이 되었으며, 구원을 확증 받는 존재가 되었다. 나 같은 죄인에게까지 복음을 듣게 하셔서 지금까지 살게 하신 주님! 사도 바울은 생명을 담보로 주님을 전파하는 그 길을 걸으면서 무슨 생각을 했을까? 나 같은 인간에게 복음이 전해지기까지 목숨을 바쳐 전도한 사도 바울을 생각할 때마다 큰 고마움이 밀려온다.

감옥에 갇히고 죽음의 고비를 수없이 넘기면서도 충성스럽게 전도자의 사명과 사도의 길을 걸었던 바울, 세계 복음화의 초석을 놓은 사람! 스데반이 순교하던 자리에 있었던 사람, 초대교회 기독교인들을 박해했던 사람, 그는 초대 그리스도인들에게 이름만으로도 공포의 대상이었다. 하지만 다메섹에서 주님을 만나고 회심한 후 아라비아 광야에서 새롭게 거듭나서 전도자로 살았다. 그는 당시 세계의 중심이라는 로마에 가서까지 복음을 전하다가 쫓겨났다. 예루살렘을 거쳐 고향인 다소에서 8년 동안 있다가 안디옥에서 바나바와 함께 전도여행을 시작해 위험이 기다리고 있는 선교 현장을 바라보며 그는 무슨 생각을 했을까?

관광은 어떤 지역의 풍경과 음식, 문화와 각종 활동(activity)을 즐기는 것이지만 여행은 목적을 가지고 출발한다. 풍경을 보는 것을 목적으로 설정한다 해도 그 풍경과 연관된 여러 국면을 볼 수 있어야 한다. 어떤 나라의 문화와 역사를 탐사하는 여행이라면 사전 지식을 충분히 가지고 있어야 한다. 아는 만큼 보이고, 보이는 것만큼 즐길 수 있고, 즐기는 것만큼 여행의 묘미가 더해지는 법이다. 유홍준의 《나의 문화유산 답사기》가 큰 인기를 구가했던 것도 그런 이유 때문일 것이다.

여행의 최고 이득은 그 여행이 자신을 돌아보게 하는 거울이 되는 것이다. 기후와 풍습, 지역, 역사와 문화를 보면서 자기 자신을 돌아보고 삶의 태도를 수정하거나 마음을 새롭게 다잡을 수 있다면 그것만으로도 최고의 결과라 할 수 있다. 그래서 여행은 일종의 충전 작업이다. 그저 먹고 사느라 애쓰던 삶에서 의미와 가치를 추구하는 삶으로의 전환이다. 실존적인 인간은 밥만으로 살 수 없다. 특히나 신앙인은 늘 자신의 정체성에 대한 확고부동한 철학 없이는 행복할 수 없다.

신앙인은 세상으로부터 자신을 지켜낼 수 있는 튼튼한 믿음의 방패를 지녀야 한다. 그리고 세상을 정복하기 위해선 날 선 검을 사용해야 한다. 그것이 신앙인의 소명(calling)과 사명(mission)이다. 악한 영들과 싸워야 하고, 세상의 부조리와 세속적인 문화와 싸우다 보면 어느 순간 칼날이 무뎌질 때도 있고 매너리즘의 늪에 빠지기도 한다. 그러다가 녹이 심하게 슬어 칼집에서 빼낼 수 없는 지경에 이르는 위험도 있다. 그럴 때 성지순례를 떠나야 한다.

사도 바울과 동행했던 누가와 다른 몇 사람들처럼, 이번에는 21세기를 살아가는 한국의 목사 임동택이 동행해 보았다. 그분과 내가 아주 친밀한 관계라고 전제하고 그와 인터뷰도 했다. 3차에 걸친 사도 바울의 여정을 따라 순례하면서, 그와 나눈 가상의 인터뷰를 통해 나는 그의 열정을 보았다. 녹슬지 않은 그의 칼을 보았다. 그 어떤 세상의 창칼도 막아 내는 견고한 믿음의 방패를 보았다. 그리고 수많은 승리를 보았다. 그렇다고 해서 그의 인생이 맑은 날만 있었던 것은 아니다. 구름 낀 날도 있었고, 천둥번개를 동반한 우박을 만날 때도 있었다. 사도 바울 역시 나와 똑같은 성정을 가진 사람이었다.

사도행전은 지금도 진행 중이며, 나와 여러분은 각자의 사도행전인 '나도행전'을 써 나가야 한다. 거기에 쓸 내용이 많아지도록 하루하루 최선을 다해 살아야겠다.

Note

Note

Note

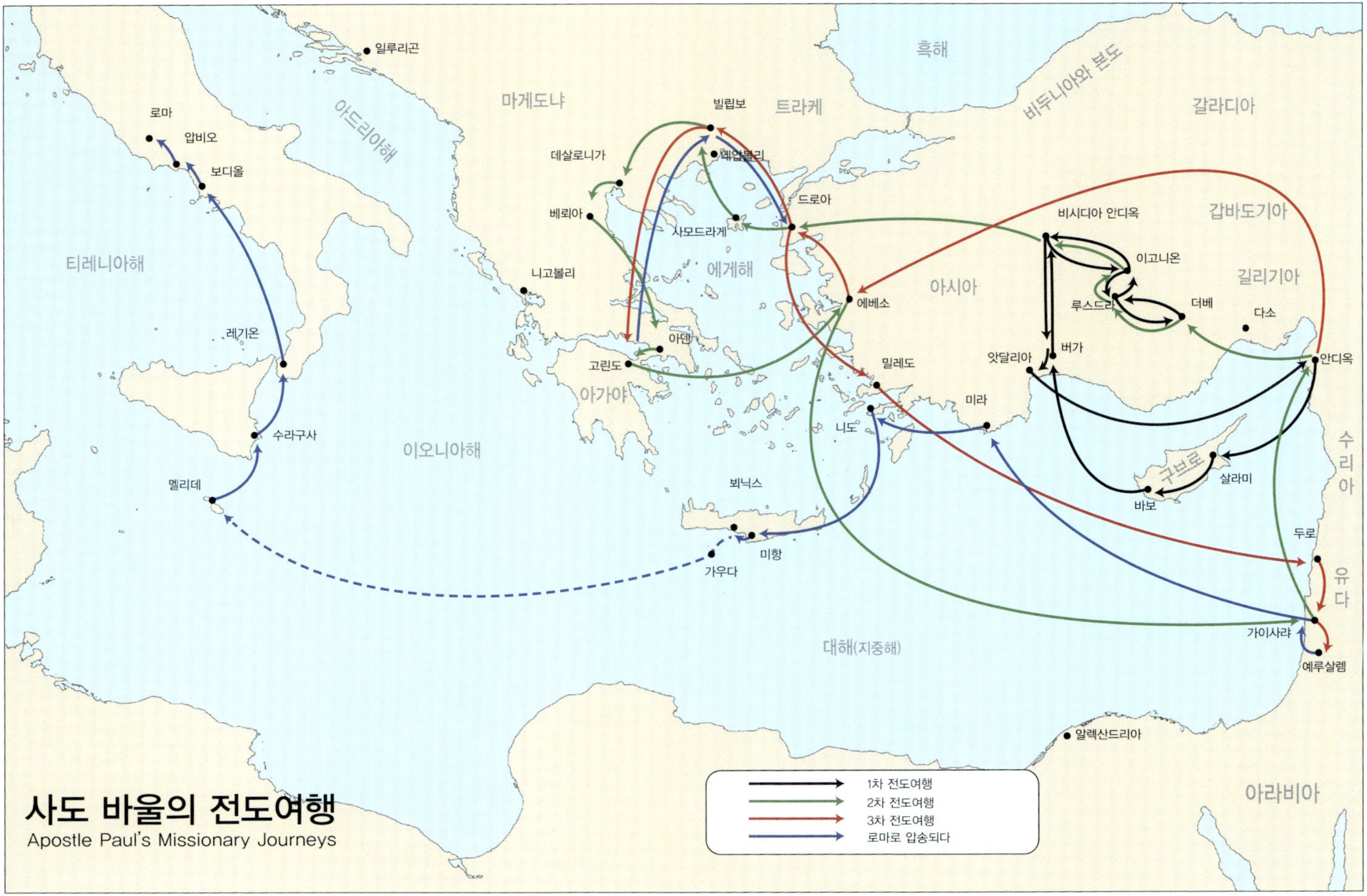
사도 바울의 전도여행
Apostle Paul's Missionary Journeys
1차 전도여행
2차 전도여행
3차 전도여행
로마로 압송되다
일루리곤
흑해
마게도냐
비두니아와 본도
갈라디아
로마
압비오
보디올
아드리아해
빌립보
트라게
네압볼리
데살로니가
드로아
베뢰아
사모드라게
비시디아 안디옥
갑바도기아
티레니아해
에게해
이고니온
니고볼리
길리기아
아시아
에베소
루스드라
더베
다소
레기온
아덴
고린도
버가
앗달리아
안디옥
밀레도
아가야
미라
니도
수라구사
이오니아해
수리아
구브로
살라미
멜리데
바보
뵈닉스
두로
미항
가우다
유다
가이사랴
대해(지중해)
예루살렘
알렉산드리아
아라비아